# Categorias

*Aristóteles*

COLEÇÃO A OBRA-PRIMA DE CADA AUTOR

# CATEGORIAS

*Aristóteles*

3ª EDIÇÃO

Tradução do grego clássico,
Introdução e Notas de
JOSÉ VERÍSSIMO TEIXEIRA DA MATA

A ORTOGRAFIA DESTE LIVRO FOI ATUALIZADA SEGUNDO O ACORDO ORTOGRÁFICO DA LÍNGUA PORTUGUESA DE 1990, QUE PASSOU A VIGORAR EM 2009.

MARTIN CLARET

Primeira edição desta tradução: Editora Alternativa / Editora UFG, 2005

CONSELHO EDITORIAL
Martin Claret

PRODUÇÃO EDITORIAL
Taís Gasparetti

CAPA
*Ilustração:* Busto de Aristóteles *(detalhe), Museu Nacional de Roma. Cópia romana em mármore do original grego em bronze de Lysippos (330 a.C.)*

MIOLO
*Tradução:* José Veríssimo Teixeira da Mata
*Revisão:* Rosana Citino / Waldir Moraes
*Projeto Gráfico:* José Duarte T. de Castro
*Editoração Eletrônica:* Editora Martin Claret
*Impressão e Acabamento:* Renovagraf

**Dados Internacionais de Catalogação na Publicação (CIP)**
**(Câmara Brasileira do Livro, SP, Brasil)**

Aristóteles
Categorias / Aristóteles, tradução do grego clássico; introdução e notas de José Veríssimo Teixeira da Mata. — 3. ed. — São Paulo: Martin Claret, 2010. — (Coleção a obra-prima de cada autor; 305)

"Texto integral"
ISBN 978-85-7232-579-0

1. Categorias (Filosofia) - Obras anteriores a 1800 I. Mata, José Veríssimo Teixeira da. II. Título. III. Série.

10-02313 CDD-185

Índices para catálogo sistemático:

1. Categorias: Filosofia 185

EDITORA MARTIN CLARET LTDA.
Rua Alegrete, 62 – Bairro Sumaré – CEP: 01254-010 – São Paulo – SP
Tel.: (11) 3672-8144
www.martinclaret.com.br
4ª REIMPRESSÃO – 2018

# Sumário


Palavras do editor ........ 7
Introdução às Categorias ........ 13

CATEGORIAS

Capítulo 1 ........ 17
Capítulo 2 ........ 23
Capítulo 3 ........ 32
Capítulo 4 ........ 44
Capítulo 5 ........ 59

Conclusão ........ 67
Categorias (Tradução do grego clássico) ........ 69
Comentários ........ 103
Bibliografia fundamental utilizada ........ 161
Referências ........ 163

# A história do livro e a coleção "A Obra-Prima de Cada Autor"

**MARTIN CLARET**

Que é o livro? Para fins estatísticos, na década de 1960, a Unesco considerou o livro "uma publicação impressa, não periódica, que consta de no mínimo 56 páginas, sem contar as capas".

O livro é um produto industrial. Mas também é mais do que um simples produto. O primeiro conceito que deveríamos reter é o de que o livro como objeto é o veículo, o suporte de uma informação. O livro é uma das mais revolucionárias invenções do homem.

A *Enciclopédia Abril* (1972), publicada pelo editor e empresário Victor Civita, no verbete "livro" traz concisas e importantes informações sobre a história do livro. A seguir, transcrevemos alguns tópicos desse estudo didático.

## O livro na Antiguidade

Antes mesmo que o homem pensasse em utilizar determinados materiais para escrever (como, por exemplo, fibras vegetais e tecidos), as bibliotecas da Antiguidade estavam repletas de textos gravados em tabuinhas de barro cozido. Eram os primeiros "livros", depois progressivamente modificados até chegarem a ser feitos — em grandes tiragens — em papel impresso mecanicamente, proporcionando facilidade de leitura e transporte. Com eles, tornou-se possível, em todas as épocas, transmitir fatos, acontecimentos históricos, descobertas, tratados, códigos ou apenas entretenimento.

Como sua fabricação, a função do livro sofreu enormes modificações dentro das mais diversas sociedades, a ponto de constituir uma mercadoria especial, com técnica, intenção e utilização determinadas. No moderno movimento editorial das chamadas sociedades de consumo, o livro pode ser considerado uma mercadoria cultural, com maior ou menor significado no contexto socioeconômico em que é publicado. Como mercadoria, pode ser comprado, vendido ou trocado. Isso não ocorre, porém, com sua função intrínseca, insubstituível: pode-se dizer que o livro é essencialmente um instrumento cultural de difusão de ideias, transmissão de conceitos, documentação (inclusive fotográfica e iconográfica), entretenimento ou ainda de condensação e acumulação do conhecimento. A palavra escrita venceu o tempo, e o livro conquistou o espaço. Teoricamente, toda a humanidade pode ser atingida por textos que difundem ideias que vão de Sócrates e Horácio a Sartre e McLuhan, de Adolf Hitler a Karl Marx.

## Espelho da sociedade

A história do livro confunde-se, em muitos aspectos, com a história da humanidade. Sempre que escolhem frases e temas, e transmitem ideias e conceitos, os escritores estão elegendo o que consideram significativo no momento histórico e cultural que vivem. E, assim, fornecem dados para a análise de sua sociedade. O conteúdo de um livro — aceito, discutido ou refutado socialmente — integra a estrutura intelectual dos grupos sociais.

Nos primeiros tempos, o escritor geralmente vivia em contato direto com seu público, que era formado por uns poucos letrados, já cientes das opiniões, ideias, imaginação e teses do autor, pela própria convivência que tinham com ele. Muitas vezes, mesmo antes de o texto ser redigido, as ideias nele contidas já haviam sido intensamente discutidas pelo escritor e parte de seus leitores. Nessa época, como em várias outras, não se pensava na enorme porcentagem de analfabetos. Até o século XV, o livro servia exclusivamente a uma pequena minoria de sábios e estudiosos que constituíam os círculos intelectuais (confinados aos mosteiros durante o começo da Idade Média) e que tinham acesso às bibliotecas, cheias de manuscritos ricamente ilustrados.

Com o reflorescimento comercial europeu, nos fins do século XIV, burgueses e comerciantes passaram a integrar o mercado livreiro da época. A erudição laicizou-se e o número de escritores aumentou, surgindo também as primeiras obras escritas em línguas que não o latim e o grego (reservadas aos textos clássicos e aos assuntos considerados dignos de atenção). Nos séculos XVI e XVII, surgiram diversas literaturas nacionais, demonstrando, além do florescimento intelectual da época, que a população letrada dos países europeus estava mais capacitada a adquirir obras escritas.

## Cultura e comércio

Com o desenvolvimento do sistema de impressão de Gutenberg, a Europa conseguiu dinamizar a fabricação de livros, imprimindo, em cinquenta anos, cerca de 20 milhões de exemplares para uma população de quase 100 milhões de habitantes, cuja maioria era analfabeta. Para a época, isso significou enorme revolução, demonstrando que a imprensa só se tornou uma realidade diante da necessidade social de ler mais.

Impressos em papel, feitos em cadernos costurados e posteriormente encapados, os livros tornaram-se empreendimento cultural e comercial: os editores passaram logo a se preocupar com melhor apresentação e redução de preços. Tudo isso levou à comercialização do livro. E os livreiros baseavam-se no gosto do público para imprimir, principalmente obras religiosas, novelas, coleções de anedotas, manuais técnicos e receitas.

Mas a porcentagem de leitores não cresceu na mesma proporção que a expansão demográfica mundial. Somente com as modificações socioculturais e econômicas do século XIX — quando o livro começou a ser utilizado também como meio de divulgação dessas modificações e o conhecimento passou a significar uma conquista para o homem, que, segundo se acreditava, poderia ascender socialmente se lesse — houve um relativo aumento no número de leitores, sobretudo na França e na Inglaterra, onde alguns editores passaram a produzir obras completas de autores famosos a preços baixos. O livro era então interpretado como símbolo de liberdade, conseguida por conquistas culturais. Entretanto, na maioria dos países, não houve nenhuma grande modificação nos índices porcentuais até o fim da Primeira Guerra Mundial (1914-1918), quando surgiram as primeiras grandes tiragens de um só livro, principalmente romances, novelas e textos didáticos. O número elevado de cópias, além de baratear o preço da unidade, difundiu ainda mais a literatura. Mesmo assim, a maior parte da população de muitos países continuou distanciada do livro, em parte porque ele tinha sido durante muitos séculos considerado objeto raro, atingível somente por um pequeno número de eruditos. A grande massa da população mostrou maior receptividade aos jornais, periódicos e folhetins, mais dinâmicos e atualizados, e acessíveis ao poder aquisitivo da grande maioria. Mas isso não chegou a ameaçar o livro como símbolo cultural de difusão de ideias, como fariam, mais tarde, o rádio, o cinema e a televisão.

O advento das técnicas eletrônicas, o aperfeiçoamento dos métodos fotográficos e a pesquisa de materiais praticamente imperecíveis fazem alguns teóricos da comunicação de massa pensarem em um futuro sem os livros tradicionais (com seu formato quadrado ou retangular, composto de folhas de papel, unidas umas às outras por um dos lados). Seu conteúdo e suas mensagens (racionais ou emocionais) seriam transmitidos por outros meios, como por exemplo microfilmes e fitas gravadas.

A televisão transformaria o mundo todo em uma grande "aldeia" (como afirmou Marshall McLuhan), no momento em que todas as sociedades decretassem sua prioridade em relação aos textos escritos. Mas a palavra escrita dificilmente deixaria de ser considerada uma das mais importantes heranças culturais, entre todos os povos.

Através de toda a sua evolução, o livro sempre pôde ser visto como objeto cultural (manuseável, com forma entendida e interpretada em função de valores plásticos) e símbolo cultural (dotado de conteúdo, entendido e interpretado em função de valores semânticos). As duas maneiras podem fundir-se no pensamento coletivo, como um conjunto orgânico (onde texto e arte se completam, por exemplo, em um livro de arte) ou apenas como um conjunto textual (onde a mensagem escrita vem em primeiro lugar — em um livro de matemática, por exemplo).

A mensagem (racional, prática ou emocional) de um livro é sempre intelectual e pode ser revivida a cada momento. O conteúdo, estático em si, dinamiza-se em função da assimilação das palavras pelo leitor, que pode discuti-las, reafirmá-las, negá-las ou transformá-las. Por isso, o livro pode ser considerado instrumento cultural capaz de liberar informação, sons, imagens, sentimentos e ideias através do tempo e do espaço. A quantidade e a qualidade de ideias colocadas em um texto podem ser aceitas por uma sociedade, ou por ela negadas, quando entram em choque com conceitos ou normas culturalmente admitidos.

Nas sociedades modernas, em que a classe média tende a considerar o livro como sinal de *status* e cultura (erudição), os compradores utilizam-no como símbolo, mesmo desvirtuando suas funções ao transformá-lo em livro-objeto. Mas o livro é, antes de tudo, funcional — seu conteúdo é que lhe dá valor (os livros de ciências, filosofia, religião, artes, história e geografia, que representam cerca de 75% dos títulos publicados anualmente em todo o mundo).

## O mundo lê mais

No século XX, o consumo e a produção de livros aumentaram progressivamente. Lançado logo após a Segunda Guerra Mundial (1939-1945), quando uma das características principais da edição de um livro era as capas entreteladas ou cartonadas, o livro de bolso constituiu um grande êxito comercial. As obras — sobretudo *best- -sellers* publicados algum tempo antes em edições de luxo — passaram a ser impressas em rotativas, como as revistas, e distribuídas nas bancas de jornal. Como as tiragens elevadas permitiam preços muito baixos, essas edições de bolso popularizaram-se e ganharam importância em todo o mundo.

Até 1950, existiam somente livros de bolso destinados a pessoas de baixo poder aquisitivo; a partir de 1955, desenvolveu-se a categoria do livro de bolso "de luxo". As características principais destes últimos eram a abundância de coleções — em 1964 havia mais de duzentas, nos Estados Unidos — e a variedade de títulos, endereçados a um público intelectualmente mais refinado. A essa diversificação das categorias adiciona-se a dos pontos de venda, que passaram a abranger, além das bancas de jornal, farmácias, lojas, livrarias, etc. Assim, nos Estados Unidos, o número de títulos publicados em edições de bolso chegou a 35 mil em 1969, representando quase 35% do total dos títulos editados.

*Enciclopédia Abril*, vol. 7. São Paulo: Abril, 1973, p. 2840-2842.

## Proposta da coleção
## "A obra-prima de cada autor"

"Coleção" é uma palavra há muito tempo dicionarizada e define o conjunto ou reunião de objetos da mesma natureza ou que têm alguma relação entre si. Em um sentido editorial, significa o conjunto não limitado de obras de autores diversos, publicado por uma mesma editora, sob um título geral indicativo de assunto ou área, para atendimento de segmentos definidos do mercado.

A coleção "A obra-prima de cada autor" corresponde plenamente à definição acima mencionada. Nosso principal objetivo é oferecer, em formato de bolso, a obra mais importante de cada autor, satisfazendo o leitor que procura qualidade.*

Desde os tempos mais remotos existiram coleções de livros. Em Nínive, em Pérgamo e na Anatólia existiam coleções de obras literárias de grande importância cultural. Mas nenhuma delas superou a célebre biblioteca de Alexandria, incendiada em 48 a.C. pelas legiões de Júlio César, quando estas arrasaram a cidade.

A coleção "A obra-prima de cada autor" é uma série de livros a ser composta por mais de 400 volumes, em formato de bolso, com preço altamente competitivo, e pode ser encontrada em centenas de pontos de vendas. O critério de seleção dos títulos foi o já estabelecido pela tradição e pela crítica especializada. Em sua maioria, são obras de ficção e filosofia, embora possa haver textos sobre religião, poesia, política, psicologia e obras de autoajuda. Inauguram a coleção quatro clássicos: *Dom Casmurro*, de Machado de Assis; *O Príncipe*, de Maquiavel; *Mensagem*, de Fernando Pessoa; e *O lobo do mar*, de Jack London.

Nossa proposta é fazer uma coleção quantitativamente aberta. A periodicidade é mensal. Editorialmente, sentimo-nos orgulhosos de poder oferecer a coleção "A obra-prima de cada autor" aos leitores brasileiros. Nós acreditamos no poder do livro.

❖

* Atendendo a sugestões de leitores, livreiros e professores, a partir de certo número da coleção começamos a publicar, de alguns autores, outras obras além da sua obra-prima.

# Introdução às Categorias

**JOSÉ VERÍSSIMO TEIXEIRA DA MATA***

Nesta introdução, procuramos discutir pontos básicos da teoria categorial em Aristóteles, que são, fundamentalmente, os seguintes:

1) O que são as categorias? Para que servem? São obtidas por dedução? De que modo?
2) O que é a substância e qual a sua importância no debate filosófico, no tempo de Aristóteles?
3) Quais as principais funções das categorias não substanciais, e de que modo se articulariam aos princípios organizadores da tábua categorial, se é que existem?
4) Quais os limites da tábua, considerando o seu fim operacional? Como de dá a montagem das proposições?

Como uma fonte básica de nossa pesquisa, consideramos o tratado *Categorias*. Para isso, entretanto, é preciso supor a autenticidade da

---

* Exerceu o magistério na Unicamp, no Seminário Maior em Brasília e na Universidade Federal de Goiás. Foi correspondente da revista russa *Smysl* no Brasil. Atualmente trabalha em uma tradução anotada de *Da interpretação*, de Aristóteles, e na *Carta a Heródoto*, de Epicuro, esta última em conjunto com Antônio José Queiroz Campos. É consultor da Câmara Federal em Brasília.

autoria aristotélica dessa obra, tese dominante na historiografia — de Zeller a Gomperz, de Vuillemin a Rijk — e que assumimos aqui. Anexa a esta introdução, apresentamos a tradução anotada desse tratado.

❖

# Categorias

CAPÍTULO 1

# Categoria

O termo categoria, que, já na Antiguidade, foi aditado ao tratado de Aristóteles, e assim o batizou, é traduzido em português por predicado ou atributo, sinônimos, segundo a abalizada opinião do Dicionário Aulete. Quando recorremos a um ou outro, estamos fazendo referência às coisas ou às expressões. Mas nossa referência incide sobre as primeiras ou sobre as segundas? Essa questão certamente não é aristotélica; mas é precisamente por isso que surge como primeira grande dúvida dos que tomam contato com o tratado a seguinte pergunta:

Aristóteles estaria referindo-se às coisas ou às suas expressões?

Porfírio traria, segundo Martha e William Kneale[1], a resolução verdadeira da ambiguidade, ao dizer: "Porque como as coisas são, assim são as expressões que primeiro as exprimem".

## O alcance do termo

Predicados ou atributos, coisas ou expressões, a palavra categoria parece cobrir, de forma razoável, os termos elencados no capítulo IV (Ib25) do tratado das *Categorias*:

---

[1] Kneale, Martha; Kneale, William. *O desenvolvimento da lógica*. Tradução para o português de M. S. Lourenço. 2. ed. Lisboa: Calouste Gulbenkian, 1980, p. 29.

— Substância
— Quantidade
— Relação
— Qualidade
— Quando
— Onde
— Estar-em-uma-posição
— Ter
— Fazer
— Sofrer

Pelo menos os nove últimos funcionam como predicados da substância. Além disso, como haverá dois tipos de substância, a primeira e a segunda (2a10-15), esta será predicado daquela. Resta, pois, a substância primeira — o momento determinante da proposição, onde se articulam o sujeito e o predicado — como um elemento que jamais é predicado, do que deflui que o termo categoria, quando traduzido por predicado, não parece descrever o fulcro da proposição, a saber, o sujeito a que se dirige a predicação. Esse fato leva vários comentadores a não ver no termo categoria a significação de predicado, ao se ter em vista a listagem do capítulo IV das *Categorias* (1b25-2a11).

Poder-se-á objetar a esse argumento, levantado por Gomperz e esposado por Hamelin e Cook, dentre outros, que também a substância primeira pode aparecer como predicado, conforme se lê em 1029a23:

> Τὰ μὲν ἄλλα τῆς οὐσίας κατηγορειται,
> αὔτη δέ τῆς ὕλης
>
> As outras coisas são predicados da substância; mas ela própria é predicado da matéria.

Com efeito, ela é predicado da matéria. Mas essa é uma temática alheia ao tratado *Categorias*, em que a matéria não aparece. Não tem cabida, pois, a objeção, uma vez que as discussões que desnudam a "οὐσία" (substância) só surgem com o esgalhamento da árvore conceitual do estagirita nos livros da *Metafísica*. É aí que se examina, fundamentalmente, a "οὐσία", e a matéria aparece como substrato último (uma novidade em face do tratado *Categorias*), realçando as propriedades da substância, a individuação e a separabilidade.

Para se entender esse silêncio do tratado *Categorias*, deve-se ter em conta não só a cronologia das obras e o pensamento aristotélico, mas também os objetivos desse livreto, de que muitos reprovam a sumariedade da argumentação. Nele não se examinam as categorias nos seus fundamentos mais remotos, o que seria o uso da dialética aristotélica para fins metafísicos; mas, simplesmente, se positivam os elementos da teoria da linguagem de Aristóteles, revelando-se sua ontologia básica.

O que são, portanto, categorias?

Inspirado em ilustrações de edições do tratado, Gomperz afirma que Aristóteles imagina um homem no Liceu, ou em suas cercanias, e enumera questões que se poderiam formular a respeito dele, e às quais se poderia responder: "O que é? De que qualidade? De que tamanho? Em relação a quê? Onde? Quando? Em que posição está? O que ele tem? O que ele faz? O que ele sofre?"

Cada núcleo pergunta-resposta delimitaria o espaço de uma categoria, que seria um γένος τοῦ ὄντος (gênero do ser). O gênero descreveria a universalidade. Hamelin escreve[2]:

> ...um gênero é um conteúdo realmente comum; um gênero é, tanto quanto isso é possível a um universal, alguma coisa de real. Uma vez que as categorias são gêneros, cada uma delas é, portanto, um elemento realmente comum nas coisas que participam de cada uma; elas exprimem determinações reais do ser.

Nesse quadro, as categorias constituiriam os primeiros gêneros do ser, uma vez que seriam primeiros atributos, isto é, atributos para os quais não haveria atributos que lhes fossem anteriores. "Eles próprios se predicam de outros, mas outros deles não se predicam primeiramente" (*Primeiros analíticos* — I, XXVII 43a29).

E que objetivo perseguiria Aristóteles, ao fazer essa enumeração e essa classificação? A essa pergunta responde assim uma passagem de Gomperz[3]: "Em nossa opinião, junto ao principal objetivo que o ordenador e classificador da matéria do saber se propõe aqui e em toda parte, só cabe falar de objetivos secundários". Desse modo, tendo considerado que Platão já havia esclarecido a relação sujeito—predicado,

---

[2] HAMELIN, O. *Le système d'Aristote*. Paris: Félix Alcan, 1931, p. 99.

[3] GOMPERZ, Theodor. *Pensadores griegos*. Edição em castelhano. Tradução de Karl Körner. Asunción del Paraguay: Editorial Guarania, 1959, p. 51.

Aristóteles viria dar solução às perguntas consectárias da descoberta platônica — quantas e quais são as espécies de predicação? Quais as espécies subordinadas e quais as subordinantes? Há ou não oposição no interior de cada esfera de predicação? Observa Theodor Gomperz que Aristóteles se estende sobre todos esses pontos.

A forma com que o grande comentador expõe a atitude do estagirita, ante o cidadão que se aproximaria das cercanias do Liceu, pode induzir erroneamente o leitor a ver nesse fato ingenuidade filosófica de Aristóteles. Acresce que se pode pensar que Aristóteles simplesmente veio responder a perguntas platônicas, como se ele próprio, sendo pensador, não alterasse a própria natureza das questões, moldando-as segundo suas concepções.

A essa altura, mais nos parece que o jovem Aristóteles fixa noções lógico-ontológicas, reveladoras da postura metafísica que já o afasta da quadra platônica. Aliás, em defesa dessa nossa posição, bem se poderia invocar a tese de Mayer[4], para quem, mesmo durante a vida de seu mestre, Aristóteles teria recusado a teoria das ideias.

O que, fundamentalmente, seria essa postura contraplatônica do filósofo?

Aristóteles visa a descrever com suas categorias o reino dos corruptíveis, da natureza, em particular da vida orgânica[5]. Um esforço dessa natureza seria desqualificado por Platão, pois este, à maneira de Sócrates, acolhe Heráclito, de tal sorte que se não poderia com sucesso emitir proposições descritivas do sensível. Disso, o registro mais claro nos parece, na *Metafísica*, o de 987a-30:

> Μετὰ δὲ τὰς ἐιρημένας φιλοσοφίας ἡ Πλάτωνος ἐπεγένετο πραγματεία, τὰ μὲν πολλὰ τούτοις ἀκολουθοῦσα, τὰ δὲ καὶ ἴδια παρὰ τὴν τῶν Ἰταλικῶν ἔχουσα φιλοσοφίαν. Εκ νέου τε γὰρ συνήτης γενόμενος πρῶτον Κρατύλῳ καὶ ταῖς Ἡρακλειτείοις δόξαις, ὡς ἁπάντων τῶν αἰσθητῶν ἀεὶ ῥεόντων καὶ ἐπιστήμης περὶ

---

[4] Mayer, H. In: Magalhães-Vilhena. *O problema de Sócrates*. Lisboa: Calouste Gulbenkian, 1952, p. 408.

[5] Gomperz, T., op. cit., p. 99.

αὐτῶν οὐκ οὔσης, ταῦτα μὲν καὶ ὕστερον οὕτως ὑπέλαβεν Σωκράτους δὲ περὶ μὲν τὰ ἠθικὰ πραγματευομένου περὶ δὲ τῆς ὅλης φύσεως οὐδέν, ἐν μέντοι τούτοις τὸ κατόλου ζητοῦντος καὶ περὶ ὁρισμῶν ἐπιστήσαντος πρώτου τὴν διάνοιαν, ἐκεῖνον ἀποδεξάμενος διὰ τὸ τοιοῦτον ὑπελάβεν ὡς περὶ ἑτέρων τοῦτο γιγνόμενον καὶ οὐ τῶν αἰσθητῶν. [...]

Depois das filosofias já ditas, surgiu a atividade teórica de Platão, tendo esta seguido em muitos pontos aqueles [os pitagóricos], e tendo noções próprias, além da filosofia dos itálicos. Com efeito, tornando-se, desde jovem, familiar às opiniões de Crátilo e de Heráclito, segundo as quais todas as coisas sensíveis fluem sempre, não existindo conhecimento a respeito delas, isso também entendeu mais tarde. Já Sócrates, cuidando das coisas morais e nada da natureza toda, mas nelas buscando o universal, e tendo sido o primeiro a conhecer o pensamento a respeito das definições — aquilo já tendo aceito, por uma tal razão entendeu que este [o universal] sucede em torno de outras coisas e não das coisas sensíveis; [...].

Uma segunda postura, já referida, que é subsidiária da primeira, tem por fim colocar os elementos categoriais da teoria da linguagem aristotélica, pelos quais o filósofo iniciará a sua descrição do mundo. Desse modo, apesar de ele apresentar isoladas as categorias, o que elas visam é tornar possível a proposição, que é fundamental na ciência, seja na teoria da demonstração, seja na teoria das definições. A esse propósito, diz Filopon (scholia 38a-15):

Nós desejamos conhecer a demonstração. Mas a demonstração é um tipo de silogismo; devemos, pois, buscar, antes de nos ligarmos à demonstração, o que é o silogismo puro e simples. O silogismo puro é, como indica o seu nome, alguma coisa composta... É necessário, portanto, começar aprendendo de que elementos ele se compõe: esses elementos são as proposições. Estas se compõem de sujeitos e predicados.

Hamelin, refletindo sobre essa passagem, diz:

Assim somos levados a considerar como o objeto inicial da lógica o estudo de noções separadas, das quais a proposição é o conjunto. Numa palavra, a lógica deve começar pelo estudo das categorias[6].

O mesmo Hamelin censura Zeller por ter classificado o tratado das *Categorias* como de natureza metafísica e não lógica. Nesse caso, o comentador francês leva em conta, na sua tipologia dos escritos aristotélicos, não tanto a posição inicial da tábua das categorias, mas o fim a que se destina o tratado das *Categorias* — a montagem das proposições. O exame da substância mostrar-nos-á, porém, que a posição hameliniana e a zelleriana não se excluem, embora as finalidades próprias da teoria da linguagem, que Hamelin denomina lógicas, sobrelevem, na obra supracitada, as metafísicas.

❖

---

[6] HAMELIN, O., op. cit., p. 87.

## CAPÍTULO 2

# A dedução das Categorias (o fio condutor)

A apresentação da tábua das categorias, como está posta no tratado das *Categorias*, é simples e direta. Nela, positivam-se elementos da lógica aristotélica, mas não se explica de onde eles são obtidos, nem de que modo. Mais — não se observa, no tratado, qualquer interesse do filósofo naquilo que seria uma marcada preocupação de Kant, em face de suas próprias categorias, isto é, na dedução das categorias.

Após a exposição de mecanismos que poriam em movimento as categorias, *antepraedicamenta* (sinonímia, homonímia, paronímia, complexão; critérios e moldes de discriminação categorial: o ser dito de um sujeito, o estar-em-um-sujeito; mais a transitividade de aplicações da espécie ao sujeito e do gênero à espécie), de súbito, surgem as categorias, como que despejadas na sequência dos três primeiros capítulos.

Sendo categoria aquilo que, mesmo isoladamente, estaria pleno de significação (1b25), a sua obtenção dar-se-ia pela análise da proposição, que nos conduziria a seus elementos indecomponíveis, numa espécie de atomismo conceitual. Tratando dessa análise, na historiografia filosófica, duas vertentes se impuseram desde o século XIX: a primeira enfatiza a natureza filológico-sintática da proposição; a segunda vê na proposição uma descrição do real, por asserções (juízos).

A primeira, que é a de Trendlenburg, encontrou seguidores em Benveniste e em Aubenque, entre outros. Todos eles obtêm as categorias no que imaginam ter sido o mesmo procedimento de Aristóteles, isto é, pela decomposição da proposição (*Satz*). A convicção que os anima repousa, em parte, na maneira com que leem πτῶσις (I-la13).

Atendendo a considerações de ordem etimológica, traduzem essa palavra por caso. Com isso atribuem a πτῶσις um sentido particular, que não é o único, conforme assinalara Bonitz, quando traduziu a mesma palavra por modificação do ser[7]; ou conforme assinalara Delamarre[8], quando a traduziu por flexão; ou ainda Reale, que traduz por terminação. De todo modo, essa "prova" é, de fato, a única apresentada por Trendlenburg, a partir do próprio texto das categorias — expandindo o que seria sugerido em I-1a13 e, considerando, talvez dentro do espírito de unidade perseguido pela filosofia alemã, que Aristóteles não poderia misturar critérios (por exemplo, o filológico e o lógico), Trendlenburg termina concluindo que às diversas πτῶσεις gramaticais corresponderiam diversas categorias.

Desse modo, partindo da exageração do papel de πτῶσις na acepção que ele próprio crê correta, e de uma passagem dos *Argumentos sofísticos* (166b10), em que se comentam os erros que surgem, quando categorias diversas têm a mesma expressão verbal, Trendlenburg pensa ter encontrado o *Leitfaden* das categorias de Aristóteles. Esse fio condutor seria a exploração de natureza linguística, a dedução gramatical.

Dessa análise, emergem as peças categoriais. Mostra, portanto, a célebre obra trendlenburguiana (*Geschichte der Kategorienlehre*) que as categorias são cunhadas no interior das circunscrições gramaticais. A categoria substância corresponde ao substantivo; a categoria quantidade e a categoria qualidade, ao adjetivo (a quantidade poderia ser expressa ainda pelo numeral); e a categoria qualidade corresponde a substantivos, quando indica propriedades específicas — por exemplo, a brancura. A categoria relação corresponderia a comparativos, mas, como diz Giovanni Reale, resumindo o tratamento trendlenbur-

---

[7] Bonitz, H. In: Reale, Giovanni. Filo conduttore grammaticale e filo conduttore ontologico nella deduzione delle *Categorie Aristoteliche*. *Rivista di Filosofia Neo-scolastica*, v. 49, p. 433.

[8] Delamarre, A. La notion *de* πτῶσις chez Aristote et les stoïciens. In: Aubenque, P. et al. *Concepts et catégories dans la pensée antique*. Paris: Vrin, 1987, p. 321.

guiano da questão: "[...] porta sicuramente in sè tracce di riflessioni grammaticali"[9].

Já às categorias *onde* e *quando* corresponderiam os advérbios de lugar e de tempo. A categoria ποεῖν (fazer) exprimiria a voz ativa e a categoria πάσχειν (sofrer), apesar da morfologia ativa, exprimiria um verbo passivo. A categoria κεῖσται (estar-em-uma-posição) denotaria intransitividade verbal; e a categoria ἔχειν (ter), o sentido de perfeito.

O encaminhamento filológico teria, assim, servido Aristóteles na cunhagem das categorias. A natureza dessa dedução e o alcance ou âmbito de sua validade, postos face a face, podem parecer desconcertantes. Afinal, considerada a natureza ontológica das categorias, poder-se-á perquirir, com perplexidade, como, de um fio condutor gramatical, se obtém um quadro de natureza ontológica. Ora, sendo essa uma questão empírica, nada impede que, na sua solução, se descubra exatamente esse paralelismo entre o gramatical e o ontológico. Essa, a solução de Trendlenburg. Entretanto, o paralelismo — é o próprio Trendlenburg que o reconhece — é tênue. O *Leitfaden* é um mero ponto de vista genérico, que não responde a questões relevantes: por que esse número — dez categorias? Que ordem categorial o fio condutor recomendaria?

Uma outra vertente, que obteve significativo destaque, ainda no início do século XIX, é a inaugurada por Otto Apelt. Gomperz e Hamelin são, de certa forma, seus epígonos. Sustenta Apelt, à Filopon, que as categorias nascem a partir da decomposição de proposições em que se asserta alguma coisa sobre o mundo sensível (*Urteil*), que se diferenciam de simples proposições em que não se asserta algo sobre a realidade sensível. A decomposição dessas unidades judiciais traz-nos imediatamente os componentes categoriais irredutíveis. Dessa forma, não seria preciso recorrer, no esforço genético, às categorias gramaticais, para se identificarem as categorias aristotélicas. Mas a questão que acaba de ser citada é mais que um simples problema de economia de caminhos. A esse propósito, parece esclarecedora a seguinte passagem de Reale[10]:

---

[9] Reale, Giovanni. Filo conduttore gramaticale e filo conduttore ontologico nella deduzione delle *Categorie Aristoteliche*. *Rivista di Filosofia Neo-scolastica*, n. 49, p. 321.

[10] Apelt. O. *Die Kategorienlehre des Aristoteles*, apud Reale, op. cit., p. 439.

"L' ὄν delle categorie non è, per lui (Apelt), altro che della copula, quindi impensabile fuori dal giudizio, in quanto avente solo nel giudizio la propria Heimstätte (a própria casa)". Portanto, é no próprio juízo que as categorias devem ser reconhecidas e só depois caberá operar a sua análise. Não se trata, pois, de obtê-las, a partir de uma ordem morfológico-gramatical em que a análise já está, de certa forma, dada: substantivo, verbo, adjetivo, advérbio etc.

## Ontologia e Categorias

Sobre o alcance ontológico das categorias aristotélicas, já no século XIX se pronuncia, em exaustivo e importante trabalho de historiografia filosófica (*Sobre os vários sentidos do ser em Aristóteles*), Franz Brentano. Na sua percuciente obra, assinalando a homonímia do ser, ele descobre os quatro sentidos fundamentais a ele atinentes:

1) O ser segundo o acidente e a essência;
2) O ser segundo o verdadeiro e o falso;
3) O ser segundo o esquema das categorias;
4) O ser segundo a potência e o ato.

As categorias presentariam, portanto, o ser em uma de suas figuras máximas, sendo uma das chaves para a compreensão do IV livro da *Metafísica*, ou, pelo menos, da provocante frase posta ainda no início desse livro:

> τὸ δὲ ὂν λέγεται μὲν πολλαχῶς [...]
>
> O ente é dito de várias formas [...]

Brentano parte das próprias indicações aristotélicas (*Metafísica*, 1051a32), em que o estagirita atribui um dos significados maiores do ser ao ser segundo o esquema das categorias. O procedimento de Brentano tem o pressuposto de que a *Metafísica* explicita aquilo que apenas apontava no tratado das *Categorias*; ou, numa hipótese mais forte, a *Metafísica* teria uma função fundante diante do tratado das *Categorias*. Essa ilação é deduzida do fato de Brentano operar com dez categorias (esse número de categorias só aparece no tratado e nos *Tópicos*), a despeito de buscar toda a fundamentação ontológica nos livros da *Metafísica*. Nessa perspectiva, são teses brentanianas que cabe lembrar:

1) As categorias não constituem uma mera estrutura de conceitos, mas são, elas próprias, conceitos reais, e existem de modo independente da mente. Essa tese, respaldada por várias passagens da *Metafísica* (1030b11, 1017a22, 1045b32), e, assim, vigorosamente sustentada, pareceria criar dificuldade para a sustentação de um *grammatischer Leitfaden*, pois seria prodigioso que um mero exercício filológico produzisse conceitos reais; e, mais, guiasse a sua dedução. Para os trendlenburguianos, porém, como já vimos, nada obsta a coincidência entre o filológico e o real (sensível). De todo modo, o que salienta a tese de Brentano é o fato de as categorias existirem independentemente da mente. De certo que, assim, Aristóteles empresta muita exterioridade à sua tábua, dando-lhe, por conseguinte, um caráter totalmente autônomo do pensamento. Desse modo, as categorias dariam os contornos mais gerais da própria realidade sensível.

2) As categorias constituem vários sentidos do ser, que é dito por elas, segundo as analogias, a da proporcionalidade e a do mesmo termo.

Na *Metafísica* (1003b13), Aristóteles elucidaria os princípios dessas duas analogias (καθ' ἕν; πρὸς μίαν φύσιν), isto é, segundo um e em direção a uma natureza. Do ponto de vista da gênese e dedução das categorias, a analogia em direção a um mesmo termo é fundamental; pois, enquanto a da proporcionalidade esclareceria relações intercategoriais (entre a substância e outra categoria), ela apareceria contribuindo para a fundação do espaço intracategorial. Desse modo (καθ' ἕν), podemos dizer que a brancura e a bondade estão para a subtância (Sócrates, por exemplo), segundo uma mesma tópica categorial — a qualidade; por outro lado, a brancura e a bondade tendem a um mesmo termo — a qualidade. Ademais, todas as categorias não substanciais articulam-se com a substância, apontando, desse modo, para um mesmo termo, uma mesma natureza (πρὸς μίαν φύσιν). Diz Brentano: "[...] as categorias são chamadas seres com respeito a uma mesma natureza (πρὸς μίαν φύσιν), isto é, com respeito ao ser uno da substância"[11].

---

[11] BRENTANO, Franz. *Von der mannigfachen Bedeutung des Seienden nach Aristoteles*. Tradução para o inglês de Rolf George (*On the several senses of being in Aristotle*). Berkeley: University of California Press, 1975, p. 66.

Admitindo, porém, a participação da analogia da proporcionalidade na fundação originária do espaço categorial, deve-se considerar que seu impacto num tal momento é menos direto que o da analogia em direção ao termo. É, pois, essa analogia um dos mecanismos mais importantes na cunhagem do molde categorial que nos dá a geografia das significações do ser, segundo o esquema das categorias. Esse mecanismo não caracterizaria uma dedução no sentido próprio, mais configuraria um processo de indução, de que se obteria um termo geral, ao qual uma série de atributos se subsumiria. O que, todavia, mais ressalta a postura brentaniana é que a gênese categorial se dá em conexão com um dos quatro sentidos fundamentais do ser (o ser segundo o esquema das categorias), ou seja, a tábua das categorias atende a uma preocupação de natureza ontológica primordial.

3) As categorias diferem umas das outras por causa das diferentes relações que mantêm com a substância primeira.

Essa tese parece-nos indispensável na formação de uma metodologia de leitura do tratado das categorias, na medida em que seria correta e enquanto contraria, ou parece contrariar, as instruções do capítulo II do tratado das *Categorias*. Essas são, sem dúvida, acanhadas para caracterizar as diferentes relações das categorias em face da substância. A quantidade estaria no sujeito da mesma maneira que a qualidade? Será que o *esse in subjecto* (ἐν ὑποκειμένῳ ἐστι) valeria para a quantidade?

Essa tese pode parecer, à primeira vista, uma inversão: não seria porque são diferentes que as categorias travam diferentes relações com a substância primeira? É difícil responder a essa questão; entretanto, não seria empresa de sucesso gnoseológico compararem-se uma e outra categorias, senão depois de estudar as suas relações com a substância primeira, ente máximo da ordem categorial aristotélica. De toda forma, essa tese tem relevância no mapeamento ontológico das categorias, pois não se podem reduzir as relações entre as categorias e a substância primeira a relações puramente lógicas.

Como consequência dessas três teses brentanianas, temos, de um lado, que a posição das categorias como figuras da metafísica aristotélica é definitiva; de outro, que o seu significado ontológico já não pode ser negligenciado. E como a ontologia de Aristóteles busca descrever o mundo dos objetos sensíveis, não caberia falar em dedução das categorias. Aliás, nessa perspectiva é que se pronuncia Hamelin[12]:

---

[12] HAMELIN, O., op. cit., p. 101.

[...] as categorias não podem ser deduzidas de algum gênero. É claro que Aristóteles só as poderia recolher empiricamente. As tentativas para encontrar o fio condutor de que ele teria se servido são arbitrárias.

## A posição do esquema das *Categorias* diante dos demais modos fundamentais de se dizer o "Ser"

No esquema metafísico do ser segundo o verdadeiro e o falso, o elemento subjetivo constitui a própria possibilidade da verdade ou da falsidade, emprestando-lhes significação. De fato, na *Metafísica* (E4, 20), o estagirita expõe assim: "O verdadeiro contém, com efeito, a afirmação no composto e a negação no dividido; e o falso, a contradição desta partição (passagem semelhante se encontra em Θ,10)".

Ou ainda, como em *De interpretatione*: "... é na composição e na divisão que consiste o verdadeiro e o falso".

Nessas duas passagens, como em outras, dispersas em várias obras (*De anima*, *Metafísica*, *Categorias*, 4a22-4b20), está claro o referencial psicológico da verdade e da falsidade, ou seja, é da operação mental que faz a síntese — quando esta não existe, e que faz a separação, quando existe unidade — que surge o falso; por outro lado, surge o verdadeiro quando existe unidade do objeto na concretude, e a operação mental, por que se elabora a proposição, vem a registrá-la.

Todos esses trechos justificam a asserção de Brentano no início do terceiro capítulo de sua obra dedicada aos sentidos primordiais do ser. Lá diz o filósofo alemão que a verdade e a falsidade não podem ser encontradas nas coisas fora do espírito.

Esse traço do ser segundo o falso e o verdadeiro vai distingui-lo, nitidamente, do ser segundo o esquema das categorias; não é, aliás, por outra razão que Hamelin diz:

> [...] as categorias são qualquer coisa de real e de ontológico, elas excluem, por outro lado, determinações subjetivas como o verdadeiro e o falso [...][13]

[13] Hamelin, O., op. cit. p. 101.

Daí se pode dar a posição lógica e ontológica desses dois modos fundamentais de dizer o ser, colocando as categorias como anteriores ao ser segundo o verdadeiro e o falso. Isso sucede não só porque é o desenvolvimento da substância sensível (ver capítulo II, dedicado à substância), no nível de noção metafísica que permite dizer o falso e o verdadeiro, mas também porque a sua formulação pretende significar diretamente o real, escapando das operações psicológicas. Enfim, as operações de síntese e de separação que terminam engendrando o falso e o verdadeiro são realizadas por sobre a tábua das categorias. Essa relação entre os dois modos fundamentais por que se explicita o ser, segundo o falso e o verdadeiro e segundo o esquema das categorias, e a anterioridade desse em face daquele não foram bem exploradas por Brentano. Disso decorre que, no seu livro, ele apresenta a verdade e a falsidade antes do esquema das *Categorias*, escapando-lhe os pontos de comércio entre os dois quadros.

Na metafísica e na lógica, as categorias precedem o problema da verdade, quando o campo dos objetos visados é o dos objetos sensíveis. O problema antistênico (ver capítulo seguinte) — a impossibilidade de se dizer o falso —, para ser resolvido, supõe a cunhagem da substância e das categorias, que lhe são a contraparte.

Já não se observa essa precedência quando se pensam os outros dois modos fundamentais de se dizer o ser — um, segundo o acidente e a essência; o outro, segundo a potência e o ato. Com efeito, essas noções têm uma posição de simultaneidade diante do quadro das categorias. Considerando o par essência—acidente, a simultaneidade é tão patente que a própria essência, em Aristóteles, é a substância segunda, isto é, a espécie. Assim, ao enumerar as categorias, o estagirita indica, umas vezes, a essência (τί ἐστιν) e, outras, a espécie, que, ainda quando é nomeada desse modo (é o caso do tratado das *Categorias*) — é a δέυτερα οὐσία — a substância segunda, ou, em uma tradução de acento puramente etimológico, a essência segunda.

Essa simultaneidade lógica, como já foi dito, está presente também no caso do par potência e ato, pois, no âmbito dos objetos sensíveis, é na substância que potência e ato se localizam. Aliás, sem esses elementos a substância não teria os contornos que tem; e, se fosse assim, as consequências seriam graves: não se poderia, por exemplo, falar de nenhum vínculo entre o Sócrates jovem e o velho, na medida em que o último não significasse a atualização da essência individual de Sócrates. E aqui estaríamos diante da multiplicação do Sócrates real, conforme o registro temporal. O desenvolvimento das noções de potência e de ato corresponde, destarte, às necessidades de fundamentação da substância.

Com efeito, esses dois últimos pares metafísicos fundamentais não são mencionados no tratado das *Categorias*, pois são de elaboração teórica tardia, que ganha perfil acabado nos livros da *Metafísica*. Entretanto, do fato de não terem sido ali mencionados não decorre que não sejam importantes nos desdobramentos da substância. Ao contrário, é certo que a preocupação em fundar metafisicamente a "οὐσία" concorreu para a construção teórica desses pares tão importantes na filosofia aristotélica. Esse fato mostra que o Aristóteles das *Categorias*, jovem (opinião dominante na historiografia filosófica), não é negado nas fases ulteriores de sua obra, mas, antes, confirmado e fundado. Ademais, ratifica-se, nessa perspectiva, a tábua das categorias como noção central do pensamento de Aristóteles, que solicita em seu apoio vários conceitos de ordem metafísica.

CAPÍTULO 3

# A substância

Sendo o conhecimento das categorias parte dos conhecimentos primeiros e fundamentais, a sua apreensão é obra de investigação dialética. Por esta se entra num jogo em que as regras dadas preliminarmente não podem, de antemão, assegurar determinado resultado. Le Blond, em sua magnífica tese, esclareceu o papel da dialética na fundação da metafísica aristotélica. É por ela que se chega aos primeiros princípios. Estes dão ordem e certeza ao sistema, mas eles próprios acontecem em um espaço onde, embora haja rigor, há indeterminação e gênio[14].

Nesse quadro, parece-nos merecer acolhida a observação de Hamelin, segundo o qual qualquer tentativa de encontrar o fio condutor seria arbitrária. Essa observação não é negligenciável, principalmente quando se considera a existência do monopólio de certa orientação historiográfica que imprimiu uma marca kantiana nos estudos dessa temática, forçando a aceitação de uma questão, que, a rigor, não caberia fazer. Prova e sobrevivência disso é a 7ª secção de "le système des catégories" de Vuillemin, intitulada *Signification ontologique de la table et nature de la déduction des catégories chez Aristote: le changement*. Nessa secção não há referência à dedução das categorias. J. Vuillemin manteve a pergunta, mas — o silêncio é eloquente — não a abordou, no seu texto. Como hipóstase, portanto, remanesce a questão.

---

[14] LE BLOND, J. M. *Logique et méthode chez Aristote*. 3. ed. Paris: Vrin, 1973, p. 43-47.

Mas, se concordamos com Hamelin, a respeito da indedutibilidade das categorias, não podemos aceitar, de pronto, sua tese, segundo a qual Aristóteles teria recolhido empiricamente as categorias; ou, talvez, pudéssemos opor-lhe o dito de Hegel em suas *Lições sobre a história da filosofia*[15]:

> [...] ele (Aristóteles) não inferiu (concluiu), mas pensou o conceito em e para si.

## A polilogia e a obtenção da substância

A "experiência" que culmina na obtenção da substância parece-nos o movimento de um debate polifônico a cujas múltiplas perguntas a "οὐσία" parece responder. Nessa perspectiva, sem recusar o experimento crucial fictício, sugerido por Gomperz (Um ateniense qualquer aproxima-se do Liceu e o filósofo começa a colocar as modalidades de pergunta que consideraria relevantes a respeito de tal ente — O que é? Qual é? Que tamanho tem? [quanto?] Onde? etc.), podemos especular sobre qual Aristóteles acolheria ao cidadão, chegando ao Liceu. Esse Aristóteles encontra-se num emaranhado de questões que vêm sendo postas pelas filosofias de Heráclito, Parmênides, Platão e Antístenes. A essas questões, o filósofo opõe as suas próprias questões e soluções.

Figuremo-nos alguns elementos fundamentais desse debate pelas ideias que orientam seus intervenientes.

Heráclito: o radicalismo da tese heraclitiana deixou perplexa toda a sua posteridade. "Tudo flui — tudo é e não é". Com essa tese, Heráclito pretendia descrever o caráter do mundo que aí está. Aristóteles, assinalando a influência do filósofo de Éfeso em seu mestre (987b-30), mostra que era impossível a este, valendo-se da dialética heraclítica, desenvolver uma teoria das definições. Por isso Platão recorreria a um mundo ideal de formas estáveis, que compensasse o dilaceramento perpétuo e absoluto do mundo heraclítico. O recurso ao mundo das formas estáveis, em Platão, significa, para

---

[15] HEGEL, G. W. F. *Vorlesungen über die Geschichte der Philosophie II*. Hrgb. von Moldenhauer, E.; MICHEL, K. M. B. 19. Frankfurt: Suhrkamp, 1971, p. 235. (Werke in zwanzig Bänden.)

o estagirita, a acolhida pelo fundador da academia da tese heraclitiana da fluidez absoluta do mundo sensível. Aristóteles, ao fazer uma teoria das definições visando ao mundo perceptível, rejeita a fluidez absoluta proposta pelo filósofo efesiano. A substância aristotélica traz em sua carga de significações, de um lado, o escopo de descrever o mundo sensível que aí está, e que fora objeto de exploração de Heráclito; e, de outro, a rejeição da fluidez citada, em que não há individuação ou determinação:

> O vir-a-ser de Heráclito é uma determinação essencial, acertada; mas a mudança ainda carece de determinação da identidade consigo, da firmeza, da universalidade. O rio sempre muda, mas também é perene — e, mais ainda, é uma imagem, uma existência universal; donde se pode de imediato ver que ele polemiza contra Heráclito e outros, que ser e não ser não são o mesmo ou (então que) funda o famoso princípio da contradição, que um homem não é simultaneamente um navio (*Metafísica*, 1008a-20-25). Fica de imediato claro que Aristóteles não entende o puro ser ou o (puro) não ser, esta abstração que é essencialmente só o passar de um no outro; mas por aquilo que é ele entende essencialmente a substância, ideia[16].

Parmênides foi talvez o pensador a que mais encômios reservou Platão. A influência de suas questões é decisiva na filosofia grega. A julgar pelo que disse o epígono Melisso — "... não vemos e não conhecemos o que é" — , ele e sua descendência eleata recusaram a existência de um saber sobre os objetos perceptíveis. Mesmo o movimento desses objetos foi questionado de forma original e grave por Zenon.

Da herança parmenidiana, e no âmbito de nossa discussão, interessam-nos algumas consequências:

1) O mundo perceptível não pode ser objeto do conhecimento.
2) O ser é um, perpétuo, imutável e indeterminado.
3) A escola eleata dá, como indica Gomperz[17], o nome de existir (ser) à permanência eterna.

---

[16] Hegel, 1971, p. 153.
[17] Gomperz, Theodor., op. cit., p. 211.

Platão, acolhendo as consequências 1 e 3 desse espólio eleata, e aceitando a perpetuidade do ser e sua imutabilidade, para o mundo não sensível, nele introduziu a determinação, com suas formas e ideias. Sua maior dificuldade foi explicar a relação entre duas esferas, isto é, entre a perceptível e a essencial, bem como o movimento num contexto de dualidade do mundo. Aqui Platão, segundo o estagirita, teria recorrido à mágica e problemática noção de participação (*Metafísica*, 1045a), que é alvo de fortes críticas na própria *Metafísica*, pois não elidiria a duplicidade de Sócrates, um corruptível e outro incorruptível, conforme se refira à esfera sensível ou à ideal.

Aristóteles torpedeia o espólio eleata, não só recortando os entes, o que já acontecia na solução platônica, mas emprestando-lhes uma determinabilidade sensível e até biológica, com o recorte que introduz na permanência. Essa, que era eterna e absoluta, recebe, com a substância sensível das *Categorias*, uma certa duração maior que o tempo necessário para as mudanças acidentais, ainda não nomeadas, assim, no tratado. Depois disso, existir já não será permanecer eternamente.

## Frutos do debate

Como frutos desse debate decorrem algumas características da substância sensível: 1) sua fluidez não é absoluta; 2) é determinável e separável; 3) sua permanência não é absoluta ou eterna, mas se contrapõe ao menos permanente. Mantendo basicamente dois tipos de atribuição, conforme esta se faça pela substância segunda ou conforme se faça por uma outra categoria, a οὐσία acolhe um predicado essencial, no primeiro caso; e, acidental, no segundo. Na predicação essencial, alguma alteração modificaria imediatamente a identidade da substância, mas as alterações meramente acidentais não viriam a atingi-la. Com esses dois níveis, o estagirita golpeia as pretensões heraclíticas, em que tudo é mudança e, ao mesmo tempo que rechaça o absoluto imobilismo parmenidiano, atinge ainda Platão, para quem o movimento seria resolúvel pelo condão da μέθεξις (participação). Ao elaborar, portanto, uma noção que enfeixa permanência e mudança — isto é, a substância —, Aristóteles julga ter dado conta dos seres sensíveis, e é certo que a aproximação do que muda e do que permanece em uma mesma noção constitui um notável giro teórico.

## O núcleo da proposição e o princípio da contradição

Foi mencionado que um dos grandes pensadores com quem Aristóteles debate é Antístenes, o brilhante contemporâneo de Platão, a quem o fundador da academia jamais se referia. De fato, uma passagem da *Metafísica* (1024b30-35) dá-nos a dimensão da dificuldade posta pelo pensamento antistênico, de cuja autoridade temos referência nos *Tópicos*, quando o estagirita discute exatamente o que é uma tese, examinando aquela que imortaliza Antístenes, a despeito de serem fugazes e raras as referências à sua pessoa — a tese da impossibilidade da contradição e mesmo da impossibilidade de se dizer o falso.

Lê-se na passagem da *Metafísica*, já indicada acima:

> Αντισθένης ᾤετο εὐήθως μὴδὲν ἀξιῶν λέγεσθαι πλὴν τῷ οἰκείῳ λώγῳ, ἓν εφ' ἑνός ἐξ ὧν συνέβαινε μὴ εἶναι ἀντιλέγειν, σχεδὸν μηδὲ ψεύδεσθαι.

> Antístenes julgava ingenuamente que nada valeria se dizer, senão pelo discurso apropriado, um para cada coisa. A partir do que sucedia não ser possível contradizer e quase sucedia não ser possível enganar-se.

Desse modo, supostas as duas proposições seguintes, emitidas simultaneamente — Sócrates é jovem; Sócrates é velho —, temos que ambas seriam, no pensamento antistênico, verdadeiras e, assim, não estariam se contradizendo.

Com essa posição, o arquirrival de Platão colocava registro audacioso em que a descrição dos entes sensíveis se diluiria em universo estritamente linguístico, em que a semântica não se fizesse em referência ao existente, fora da proposição, na concretude do mundo real. Nesse quadro, o elemento definidor da estrutura preposicional parece ser o predicado, uma vez que sua atribuição jamais seria equivocada. Poder-se-ia, sem problemas, dizer que "Platão é persa". Afinal, ao dizê-lo, o predicado se ataria de tal sorte ao sujeito que criaria para ele um novo campo, que seria inteiramente distinto do definido por "Platão é ateniense".

Ora, para Antístenes, se se trata de campos diferentes, trata-se de sujeitos diferentes e, portanto, não poderia haver incompatibilidade entre as duas sentenças. Nessa operação, o orbe linguístico adquire tal autonomia que seres fictos e reais se justapõem numa mesma ontologia esdrúxula e, lado a lado, convivem o Sócrates jovem, o Sócrates menino e o Sócrates velho. Não se trata aqui do paradoxo platônico da multiplicação de Sócrates, que tem origem na duplicidade de esferas, a sensível e a ideal, pois, no caso, só há uma grande esfera, o orbe dos espaços definidos pela totalidade dos predicados.

De que modo foi possível essa posição de Antístenes? A posição de Antístenes só foi possível porque, ausente a substância, o sujeito poderia apresentar-se absolutamente plástico diante do predicado. Dessa maneira, pode-se, sem forçar, dizer que Antístenes pôs, nesse quadro, o problema do momento determinante da proposição, mas não o fez indicando um *locus* privilegiado para a recepção dos atributos. O que ele, de modo contrário, fez, foi colocar como centro da proposição o predicado, o qual seria sempre capaz de plasmar o seu próprio ponto de chegada, emprestando súbita consistência ao sujeito. Assim, se se dissesse que Sócrates é quadrado, imediatamente surgiria como figura do orbe antistênico um Sócrates que fosse quadrado.

Desse modo, cabe dizer que o princípio da contradição, enunciado como o mais firme de todos (1005b-15-20) — "... é impossível, com efeito, que um mesmo atributo se dê e não se dê simultaneamente no mesmo sujeito e no mesmo sentido" —, já era suposto nas teses antistênicas, pois se Sócrates jovem e Sócrates velho se referem sempre a sujeitos distintos, será impossível que o velho e o jovem se refiram a um mesmo Sócrates, substrato comum. Entretanto, de pouco ou nenhum valor seria esse princípio, em Antístenes, porque não se poderia dizer o falso. Se, em Heráclito, o princípio não faria sentido, porque seria possível o mesmo atributo ser e não ser, simultaneamente, em referência a um mesmo sujeito, e em relação ao mesmo aspecto, em Antístenes, a restrição ao princípio se deve a outra razão: a impossibilidade de dizer o falso, que o torna inútil praticamente.

Assim, antes de formular o princípio e elevá-lo à condição de firmíssimo, Aristóteles deveria formular as condições que lhe conferem utilidade:

1) a possibilidade de dizer o falso;
2) a possibilidade da contradição.

Mas como seria possível dizer o falso? Como seria possível contradizer-se? Para se estabelecer o falso ou para que haja a possibilidade de contradição, o sujeito não poderá ser plasmado pelo predicado. Ao contrário, o sujeito deve surgir como algo resistente em face da predicação, de tal modo que será possível fazer uma atribuição ao sujeito ainda que o atributo não lhe diga respeito. Como um conceito em que se figura a realidade, a substância não terá, considerando sob o enfoque ontológico, nenhum acréscimo de seu campo de significação, por meio do predicado. Este será sempre um elemento analítico da composição substancial, só acrescentando em termos gnoseológicos. É por isso que, se se disser "Sócrates é persa", poder-se-á cometer um erro, pois a desmontagem analítica de Sócrates poderá não revelar esse atributo. Dizer, portanto, que "Sócrates é persa" significa identificar como um dos atributos componentes da substância Sócrates o fato de ser persa. Ora, o exame de Sócrates revela a ausência desse atributo; e a concepção aristotélica de verdade indica como falsa uma coisa que parece existir, quando não existe, ou porque a imagem que veicula não é real. Assim, deslocando-se para a concretude, não se encontrará um Sócrates persa (filosófo, mestre de Platão etc...). Da tópica aristotélica, o que, portanto, se observa é a proeminência da substância e sua relativa resistência em face do predicado. Este não criará o espaço da substância, mas deve surgir explicitando o próprio espaço substancial. Não é à toa, pois, que, ao cuidar da teoria da verdade, o estagirita termine por condenar Antístenes. Desse modo, a substância que já se tinha apresentado como uma noção de maior permanência que a predicação acidental, na luta contra Heráclito e Parmênides (pois, no primeiro, não havia permanência, e, no segundo, essa não se diferenciava), surge agora como uma noção de maior rigidez que o predicado, de tal modo que este já não poderá a seu talante plasmar o espaço substancial. A οὐσία emergirá desse debate como núcleo da proposição, ponto de chegada do predicado, que a ele preexiste, e que, portanto, não apresenta plasticidade contra os atributos.

É essa característica da substância que permite a falsa atribuição, isto é, que torna possível que se diga o falso. E esse fato diz respeito tanto à predicação acidental quanto à essencial. Com efeito, em análise da substância, não poderemos isolar os níveis essenciais assim como se faz com atributos acidentais, que podemos mesmo mapear apontando as áreas de sua manifestação. Em todo caso, identificados os níveis, podemos enumerá-los analiticamente — Sócrates, homem, animal. Ora, se alguém atribui a Sócrates o fato de ser planta, faz uma atribuição que a análise dos níveis essenciais não comporta; portanto, faz uma atribuição falsa. Da atribuição falsa à contradição, o caminho é curto, basta que se emparelhem a proposição falsa e a verdadeira que a contradiga. Isso será sempre possível, mediante o emparelhamento de uma proposição e de sua negação. Aqui, para garantir a presença dos dois valores, o verdadeiro e o falso, Aristóteles introduz a mobilidade da negação (*Categorias* 13b12 - 13b36). Assim, se digo "Sócrates está doente" e "Sócrates não está doente", a negação incidirá ora sobre o atributo, ora sobre o sujeito, de tal modo que sempre haverá uma proposição verdadeira e outra falsa. Existindo Sócrates, a negação incidirá sobre o atributo, pois ou "Sócrates está doente" ou "não está doente". Entretanto, poderia ocorrer que dadas duas proposições contraditórias, e Sócrates não existindo, as duas fossem falsas, como aliás acontece às contrárias "Sócrates está doente" e "Sócrates está sadio". Às contraditórias, porém, isso jamais sucederá, pois, nesse caso, a negação desliza incidindo sobre o sujeito, a rigor, sobre a existência do sujeito, e a proposição será lida do seguinte modo: "não existe Sócrates que está doente". Esse recurso só é possível sem a confecção de uma linguagem especial, porque a língua grega já comportaria esse trânsito da negação.

Nesse quadro, pode-se avaliar que não é casual que a construção da teoria da verdade clássica, em sistema onde tem relevo o princípio da contradição, tenha sido levada a cabo pelo mesmo filósofo que desenvolveu a noção de substância. Antes dessa noção, o princípio não poderia alcançar o âmbito de validade que atingiu, pois não se poderia aplicá-lo aos seres sensíveis. Estes se situavam em dois extremos: o imobilismo parmenidiano e a hipermobilidade heraclítica.

A substância é, pois, uma formulação metafísica de que correm importantes consequências lógicas e ontológicas. Foi a substância que estendeu generosamente o âmbito de validade do princípio de contradição, tornando insuspeita a sua aplicação aos objetos sensíveis. O desenvolvimento da οὐσία tem, portanto, consequências muito além do tratado das *Categorias*, em que, de alguma forma, o absoluto aristotélico sobrevive.

## A aporia da substância

A substância que vimos examinando é a substância sensível e corruptível, que constitui o centro do tratado das *Categorias*. Antes de examinar mais alguns aspectos dessa categoria, que são relevantes, convém explicitar que Aristóteles considera, em sua obra, três tipos de substância. Assim, resumindo, na *Metafísica* (1069a30-1069b2), o estagirita diz:

> Οὐσίαι δὲ τρεῖς, μία μὲν αἰσθητή — ἧς ἡ μὲν ἀΐδιος ἡ δὲ φθαρτή, ἣν πάντες, ὁμολογοῦσιν, οἷον τὰ φυτὰ καὶ τὰ ζῷα[ἡ δ᾽ ἀΐδιος] — ἧς ἀνάγκη τὰ στοιχεῖα λαβεῖν, εἴτε ἓν εἴτε πολλά ἄλλη δὲ ἀκίνητος, καὶ ταύτην φασί τινες εἶναι χωριστήν, οἱ μὲν εἰς δύο διαιροῦντες, οἱ δὲ εἰς μίαν φύσιν τιθέντες τὰ εἴδη καὶ τὰ μαθηματικὰ, οἱ δὲ τὰ μαθηματικὰ μόνον τούτων. ἐκεῖναι μὲν δὴ φυσικῆς [μετὰ κινήσεως γάρ], αὕτη δὲ ἑτέρας, ἐι υηδεμία αὐτοῖς ἀρχὴ κοινή.

> São três as substâncias. Uma é sensível, que é, por um lado, eterna, por outro, corruptível. Esta é admitida por todos, por exemplo, as plantas e os animais. A segunda é a eterna; sobre os elementos dela deve-se inquirir — se é um ou se são vários. A terceira é imóvel, e dela dizem alguns que é separável; e uns a dividem em duas, ainda que outros as ponham em uma mesma natureza: a espécie e as coisas matemáticas. As primeiras pertencem ao domínio da física (pois importam movimento); mas a terceira corresponde a outra ciência, se não há nenhum princípio comum a todas elas.

Da substância sensível e corruptível, objeto do tratado das *Categorias*, duas figuras devem ser destacadas: a substância primeira e a segunda. A primeira é o indivíduo, significa o máximo de determinação, e tem, portanto, lugar privilegiado e hierarquicamente superior ao da substância segunda. Afinal, como se lê em 2a11, ela "é o que se diz, no sentido mais fundamental, primeiro e absoluto, a que não é dita de nenhum sujeito, por exemplo, o homem individual". Ou em 2a34 — "Em verdade, todas as outras coisas ou são ditas dos sujeitos, que são substâncias primeiras, ou elas próprias estão nesses mesmos sujeitos".

A espécie (substância segunda) terá, nesse quadro, menos determinação que a substância primeira, ainda que mais do que o gênero. Assim, à pergunta "o que é isto?", responder-se-á com mais precisão indicando a espécie do que o gênero e respondendo que se trata de um boi, em vez de um animal. Mas tanto a determinação da espécie como a do gênero jamais serão absolutas, pois numa tal hipótese, como justifica Aristóteles, na *Metafísica* (1003a-10), Sócrates seria três indivíduos — ele próprio, o homem-espécie e o animal-gênero. Essa determinabilidade da substância primeira ante a segunda dá-lhe a primazia nos tratados lógicos. (Ao mais determinado cabe a posição de sujeito na proposição.) Afinal, não existindo as substâncias primeiras, é impossível que haja alguma das outras coisas, pois todas as outras coisas são ditas desses sujeitos ou estão nesses mesmos sujeitos.

Da primazia da substância primeira em face da segunda, surge o que se chama aporia da substância, que pode ser posta na seguinte questão: como, sendo fundamental a substância primeira, a investigação científica busca exatamente a substância segunda, que é o universal? Com efeito, o próprio Aristóteles, na *Metafísica* (1060b20-24), coloca a questão:

> παρέχει δ' ἀπορίαν καὶ τὸ πᾶσαν μὲν
> ἐπιστήμην εἶναι τῶν καθόλου καὶ τοῦ
> τοιουδί, τὴν δ' οὐσίαν μὴ τῶν καθόλου εἶναι,
> μᾶλλον δὲ τόδε τι καὶ χωριστόν, ὥστ' ἐι
> περὶ τὰς ἀρχάς ἐστιν ἐπιστήμη, πῶς δεῖ
> τὴν ἀρχὴν ὑπολαβεῖν οὐσίαν εἶναι;

> Há aporia no fato de que toda ciência pertence ao universal e ao que é de determinada qualidade, enquanto a substância não pertence ao universal, sendo mais algo determinado e separável, por conseguinte, se existe ciência em torno dos princípios, como se deve compreender que o princípio seja a substância?

Essa questão é respondida no trecho 1086b1-10 da *Metafísica*. Aí o estagirita assevera que o universal não existe fora do singular, mas, de modo contrário, a este se articula; de tal sorte que sua apreensão (*Segundos analíticos* — 100b1-5) deve ser alcançada, nesse sentido, através do trânsito pelos indivíduos, objetos da investigação científica. Talvez isso nos faça compreensível outra asserção do filósofo (1087a-24-25): "É evidente que, em um sentido, a ciência é universal, mas, em outro, não". A ciência não é universal, no sentido de que ela não pode dispensar o exame do indivíduo, em que o universal se manifesta. Mas, por outro lado, é universal, uma vez que é no domínio da universalidade que se obtêm os princípios e as demonstrações que deles sucedem.

Dessa forma, fica totalmente determinado o espaço da ciência, que já recebera, negativamente, sua demarcação em 1027a20:

> ὅτι δ᾽ ἐπιστήμη οὐκ ἔστι τοῦ συμβεβηκό – τος φανερόν (...) πῶς γὰρ ἢ μαθήσεται ἢ διδάξει ἄλλον;

> Com efeito, está claro que não há ciência do acidente. Do contrário, como se poderia aprender ou ensinar?

Convém, no entanto, alertar que, na substância, há elementos que constituem sua essência individual, para usar terminologia da *Metafísica*, que, a rigor, não são acidentais, e assim podem ser ensinados e aprendidos. Essa possibilidade reside exatamente na permanência consubstanciada pela οὐσία. Desse modo, não se pode fazer ciência simplesmente a partir de Sócrates, pois, num tal caso, teríamos tantas ciências quantos indivíduos houvesse, o que seria rematado absurdo — "... sem o universal, não é possível apreender a ciência (1086b-5)"— ; nem por isso se dispensa, na elaboração científica, o indivíduo, pois nele o universal, de alguma forma, está presente, por exemplo, naquilo que Sócrates tem de específico ou de genérico.

## A substância segunda na proposição

Já foi ressaltado, neste trabalho, o fato de a substância apresentar-se, no interior da proposição, como algo mais resistente e mais permanente que o predicado. Agora, ante a explicação desse grande corte entre as οὐσίαι, que as divide em primeiras e segundas, é preciso falar algumas palavras sobre as suas consequências, principalmente porque a substância segunda, de certa forma uma qualidade, poderá apresentar-se como predicado. Suponha-se, nessa perspectiva, a frase "Sócrates é homem". Para ela, não valerão as observações que foram feitas a respeito da rigidez relativa da substância em face do predicado, pois aqui tanto o sujeito quanto o predicado são suficientemente resistentes.

Sendo a substância primeira o indivíduo, a espécie, em Aristóteles, apresenta-se como o coletivo daquele e de seus pares. Não há como, pois, desse ângulo, falar em resistência do sujeito (substância primeira) em face do predicado, até porque o predicado (espécie) é mais resistente e de maior permanência que o primeiro.

Há, então, dentro das proposições atributivas e em referência à resistência do predicado, dois tipos de proposição: numa primeira o sujeito (substância) se põe ante um predicado não substancial ou não essencial (acidente) menos resistente e de menos permanência que o sujeito; na segunda, para cuja constituição concorrem os dois tipos de substância — o predicado (substância segunda) é até mais resistente e mais permanente que o sujeito (substância primeira).

Como foi dito há poucos parágrafos, ambos são suficientemente resistentes. Para entendê-lo, é preciso compreender que a proposição "Sócrates é homem" explicita uma identidade, denominada identidade quanto à espécie. É essa identidade que faz Sócrates e Ânitos idênticos. Desse modo, embora a espécie represente e signifique um coletivo, de inspiração na taxonomia biológica, cujo pioneiro foi Aristóteles, ela tem outra face, que é a forma do múltiplo, o universal extraído da multiplicidade dos indivíduos concretos. É essa identidade que, na proposição, se pode explicitar, quando se diz, por exemplo, "Sócrates é homem". Afinal, não é possível, por meio de proposição, revelar uma identidade quantitativa entre o indivíduo e o conjunto de seus pares (coletivo), pois, se fosse possível, também, nesse caso, paradoxalmente, Sócrates seria mais de um.

❖

## CAPÍTULO 4

# A contraparte da substância

No presente capítulo, serão dados os traços gerais de todos os predicados não substanciais, que constituiriam a contraparte da substância. A sua finalidade é levantar as características dos referidos predicados que mais refletem nas possibilidades proposicionais, cujos contornos ficam para o capítulo ulterior, que articulará esse e os anteriores.

* * *

A substância primeira, como foi dito, é o centro da proposição, o seu sujeito lógico, que, geralmente, coincide com o sujeito sintático; de outro lado, no predicado lógico, alojam-se, como sua contraparte, as demais categorias. Estas não têm o grau de permanência que apresenta a οὐσία nem a sua determinabilidade.

A primeira categoria a ocupar o seu lugar na esfera da contraparte é, no livro *Categorias*, a quantidade. Em obras posteriores, como na *Metafísica*, haverá uma subversão da hierarquia que comanda a predicação, que emerge a partir do desenvolvimento de noções como matéria e forma. Diz Brentano[18]:

[18] Brentano, Franz., op. cit., p. 102.

> Aristóteles dá precedência quase sempre à qualidade, talvez porque a forma, de que ela deriva, é o mais poderoso princípio, e é mais substância que matéria.

O espaço da contraparte é, pois, definido pela οὐσία. Se digo que Sócrates tem um metro e setenta centímetros de altura, não faz sentido falar em um limite para a quantidade, cujos contornos fossem dados apenas intracategorialmente, ou seja, não faz sentido falar em um limite, cujo traçado proviesse unicamente do âmbito da quantidade. A determinação concreta, sensível, da contraparte é posta "desde fora" pela parte, isto é, pela substância, em "operação intercategorial". Não há, pois, como falar em determinação de categorias fora da substância. É por essa que aquelas se manifestam.

No capítulo II (1a20), Aristóteles apresenta um critério que define toda a linha de predicação representada pelas categorias que informam a contraparte. Nesse trecho, o filósofo sustenta que algumas coisas estão em um sujeito, não sendo ditas de um sujeito. É de supor que esse critério rege, sem problemas, a quantidade, a despeito de os exemplos usados por Aristóteles ilustrarem apenas o caso da categoria qualidade. Aliás, não se encontra, na leitura do capítulo dedicado à quantidade, nada semelhante ao posto para a qualidade em 9a28: "O corpo, por possuir a brancura, é dito branco".

De todo modo, mesmo considerando que um grande critério lógico varre toda a predicação da contraparte, não se deve negligenciar as diferenças dos elementos por ele comandados. E, nos casos de quantidade e da qualidade, as diferenças mútuas parecem ser profundas e indicativas de clivagens ontológicas fundamentais. Nessa perspectiva, e seguindo as informações de Brentano em seu monumental tratado sobre os vários sentidos do ser em Aristóteles, observa-se que a qualidade e a quantidade traficam, respectivamente, com os dois elementos metafísicos que fundam a substância — a matéria e a forma. A qualidade derivaria imediatamente da forma; enquanto a quantidade, da matéria. Portanto, entre uma e outra, há distinções ontológicas apreciáveis, mas não lógicas. Talvez a única distinção lógica entre elas seja a não-aplicabilidade da paronímia à quantidade, que seria mais uma característica lógico-gramatical.

## Tipos e características gerais da quantidade

### 1

A quantidade pode ser discreta ou contínua. Como discretas Aristóteles reconhece aquelas quantidades não constituídas de partes que tenham um limite comum. Exemplos: o número e o discurso. Como contínuas, Aristóteles vê a linha, a superfície, o corpo, o espaço e o tempo. Em verdade, em face do tempo e do número, não se recomenda dizer que suas partes têm um limite comum. Aliás, não seria possível visualizá-lo. Mais certo, portanto, seria dizer que as suas partes guardam uma certa ordem.

O estagirita também distingue, entre as quantidades, as quantidades por si mesmas e as por acidente. As primeiras cobrem as que estão acima referidas, enquanto as segundas representam quantidades em um sentido impróprio. Assim, o branco seria dito grande não por ser ele próprio uma quantidade, já que pertence à categoria qualidade, mas porque estaria compondo uma proposição derivada. A verdadeira proposição deveria ser, segundo o filósofo, "a superfície branca é grande", afinal, é a superfície que pode ser grande ou pequena, não a brancura. O *tópos* próprio da quantidade seria o do igual ou do desigual (6a26). Sendo próprio da quantidade, tal *tópos* não se aplicaria a nenhuma outra categoria. A outras categorias o *tópos* que mais se poderia aplicar é o do semelhante e o do dessemelhante, também não se aplicariam à quantidade os *tópoi* do mais e do menos (intensidade) e da contrariedade. Já o pouco e o muito, o grande e o pequeno seriam relativos.

### 2

O capítulo VII trata dos relativos. Há, de início, uma primeira aproximação ao tema, em que se experimenta fixar o campo próprio aos relativos, cujo quadro seria posto pela abertura do capítulo que lhes concerne: "São ditas relativas as coisas tais quantas são as que são ditas serem de outras, ou que, de alguma outra forma, são ditas em relação a outra coisa".

Essa definição, ainda que cubra a relação, é socorrida de um critério de identificação de ordem pragmática, o qual, considerando que todo o ser relativo está na relação, diz que, conhecido um dos membros dela, conhece-se imediatamente o outro. Assim, conhecido o dobro, conhece-se, imediatamente, a metade de que ele é dobro. Esse critério é utilizado por Aristóteles para estabelecer se a mão é ou não um relativo. Afinal, conhecida a mão, não se conhece imediatamente aquilo de que ela é mão.

Aplica-se esse critério aos relativos dotados de simultaneidade natural e que são, de fato, os relativos por excelência (*secundum esse*). A par desses, há os relativos não afetados pela simultaneidade. Esse é o caso do conhecimento e do conhecível (ἐπιστήμη e τὸ ἐπιστητόν), em que há anterioridade deste em face daquele, o que caracterizaria uma relação *secundum dici*, conforme a designa a tradição.

A ligação entre a língua e a lógica, que é sempre relevante, apresenta-se extremadamente delicada, quando se trata de relativos. Com efeito, se os nomes dos membros da relação — relativo e correlativo — não forem postos, de modo muito exato, ela não será estabelecida de modo correto.

Há, pois, relação entre a asa e o que é alado; e não entre a asa e o pássaro, pois poderia haver aves sem asas e asas daquilo que não é ave. Desse modo, a relação tende ao mais genérico possível, para que a realidade não lhe oponha arestas súbitas.

Para se estabelecerem o relativo e o correlativo, é preciso realizar uma operação de limpeza que afaste todos os atributos exteriores à relação examinada. Essa operação será, não de natureza linguística, como a acima indicada, mas de conteúdo ontológico. Dessa forma, para se precisar a relação entre Cálias e seu escravo, será preciso, mediante um procedimento de aniquilação abstrata, aniquilar todos os atributos da substância, de modo a ser identificado unicamente o fato de Cálias ser senhor — e é este nome (indicativo da condição de Cálias na ordem escravocrata) que articulará a relação com o escravo, pois a relação entre Cálias e seu escravo é, sobretudo, a relação entre o senhor e o escravo.

## A posição dos relativos na contraparte

O critério que regerá a contraparte é o que afirma que umas coisas estão em um sujeito, não sendo ditas de um sujeito. É verdade que haverá, conforme está no capítulo II das *Categorias*, coisas que são ditas de um sujeito e estão em sujeito. Aristóteles não assevera, mas[19] certamente, no caso dessa variante, deverá tratar-se de sujeitos distintos, ou seja, uma coisa não poderá, simultaneamente, estar em um sujeito e ser dita dele próprio. Disso decorre que uma enunciação mais abrangente do dispositivo do código categorial, que comanda a predicação não essencial, poderia, assim, figurar-se:

> Umas coisas estão em um sujeito, não sendo ditas desse mesmo sujeito (essa nova redação, aqui sugerida, corresponde à fusão do dispositivo principal com a sua variante).

Posto esse quadro, a pergunta que emerge dos relativos é a seguinte: acomodar-se-iam eles aos moldes ditados pelo critério acima citado, caracterizando, dessa maneira, uma das figuras daquilo que vimos chamando de contraparte?

Suponha-se a frase: "Sócrates é menor que Cálias" (de fato, "a altura de Sócrates é menor que a altura de Cálias"). Pode-se acordar facilmente que a altura de Sócrates esteja em Sócrates e a de Cálias em Cálias; entretanto, não se pode acordar que o predicado "menor" esteja nesses sujeitos. É patente que o critério do *esse in subjecto* rege bem a quantidade ou a qualidade. A frase "Sócrates é mais branco que Cálias" supõe, em verdade, duas proposições preparatórias: "Sócrates tem tal brancura e Cálias qual brancura"). O critério do *esse in subjecto*, porém, não parece comandar a relação. E se comandasse, dir-se-ia que a propriedade de ser menor que Cálias, por exemplo, está em Sócrates, uma vez que o predicado relativo parece articular, apenas, em nível abstrato ou intelectual, predicados reais ou de realidade já posta. Nesse sentido, "menor" não pode estar em um sujeito (substância), pois em seu conteúdo nada interferiria.

Há a alternativa de considerar que talvez se aplicasse à relação o outro critério de predicação — do *dicitur de subjecto*. Entretanto, esse critério, nos capítulos II e V, Aristóteles reserva exclusivamente à substância segunda. Ora, se é assim, fica difícil alojar os relativos sob um dos dois critérios que comandam a predicação, seja a não essencial, seja a essencial.

A despeito dessas dificuldades, os comentadores, como se observa dominantemente nos estudos sobre a predicação em Aristóteles,

---

[19] Sobre a exigência de que se deve tratar de sujeitos distintos, ver os nossos comentários ao capítulo II da tradução.

conseguem situar os relativos na condição de predicados de um sujeito dentro da proposição clássica aristotélica. Disso, o que diz Simpson, em seu livro intitulado *Linguagem, realidade e significado*[20], é ilustrativo. Assevera o estudioso portenho que Aristóteles, no livro *Categorias*, "classifica os termos relacionais como relativos, porque se afirmam de um sujeito com respeito a outra coisa". Assim sendo, a forma lógica X é maior que Y corresponde inevitavelmente ao esquema X é F, em que F representa um predicado qualquer, cuja possível complexidade carece de interesse "formal" ou "lógico".

Na verdade, colocar os relativos na contraparte não parece ser operação das mais tranquilas, a não ser que reescrevamos Aristóteles à maneira de Leibniz, com suas essências que tudo comportam.

O exame do capítulo VII, que é dedicado à relação, mostra-nos, porém, que o estagirita não manifesta nenhuma opinião substancialista desmedida, que permitisse a conversão de "X é maior que Y" em uma oração do tipo S é P. Isso porque a relação, embora suceda dentro de uma mesma categoria, exige para sua manifestação dois sujeitos, por exemplo Cálias e Sócrates, colocados em um mesmo nível:

> A altura de Sócrates é menor que a de Cálias // que é maior que a de Sócrates.

Os sujeitos lógicos, no limite da relação, são, como se afirmou, Sócrates e Cálias, e não é possível enquadrar um tal evento no molde comandante da predicação não essencial, precisamente porque a relação transborda dele, pois os relativos não denotam simples predicados, mas uma relação (razão) entre predicados concernentes a sujeitos distintos.

Observa-se, nesse quadro, que o relativo (se *secundum esse*) traz o correlativo como sua sombra ou fantasma acompanhante, que se porta como um simétrico semicircular que fecha a figura do círculo. Desse modo, a proposição "Esse braço é maior que aquele braço" traz necessariamente como sua sombra a proposição "Aquele braço é menor que esse". A fórmula S é P, utilizada

---

[20] Simpson, T. M. *Linguagem, realidade e significado*. São Paulo: Edusp, 1976, p. 43.

para simbolizar a proposição aristotélica, não capta, portanto, o movimento lógico tendente à circularidade, indicado pela relação do relativo ao correlativo.

Num quadro desses, se as categorias, enquanto predicados, visam à construção de proposições, pode-se dizer que o livro *Categorias* encerra, basicamente, dois tipos de proposição: um referente aos relativos; o outro, aos demais predicados. O primeiro é uma sorte de mostrengo, incompleto em si mesmo, enquanto o segundo traz as significações de forma fechada, sendo detentor, portanto, de uma completude semântica. O primeiro só terá seu significado estabelecido, quando presente, de alguma forma, "seu fantasma":

> O 4 é o dobro de 2 // proposição-sombra: o dois é a metade do quatro.

Já no segundo, não será preciso recorrer a nenhum fantasma para a captação plena das significações da proposição. Dito, por exemplo, que Sócrates é branco, não será preciso recorrer a nenhuma proposição-sombra para a perfeita inteligibilidade da frase. Pode-se dizer, sem temor de erro, que é nesse último tipo que se detém o tratado *Categorias*, do mesmo modo que se pode afirmar que só esse último tipo de proposição é bem representado por X é Y, ou por S é P, que é a proposição eminentemente atributiva, isto é, a proposição-símbolo da lógica aristotélica.

## 3

Nenhuma categoria é mais paradigmática, no caso da predicação não essencial, do que a qualidade. O critério que rege essa predicação, posto ainda no capítulo II do tratado, ajusta-se exatamente a ela. Isso é tão verdade que é a qualidade que oferece os exemplos confirmadores do *esse in subjecto*. Por exemplo:

> O mel é doce (por receber a doçura); o corpo, branco (por receber a brancura).

Entretanto, o critério do *dicitur de subjecto* aparentemente também se ajustaria a essa categoria. Afinal, quando se diz que Sócrates é branco, de alguma forma, branco (que indica qualidade) se diz de Sócrates. Esse último critério só na aparência é puramente linguístico, uma vez que ele vem acompanhado de outros quesitos que importam sua eficácia lógico-ontológica (2a19): "Do exposto, torna-se evidente que, das coisas que são ditas do sujeito, é necessário que sejam predicados do sujeito tanto o nome quanto o enunciado (definição)". Com essas palavras, o filósofo não faz outra coisa senão coibir uma compreensão estritamente linguística do critério — e o faz, ao colocar, sob a proteção desse, tanto o nome quanto o enunciado (definição). O *dicitur de subjecto* não admite, por conseguinte, aplicação capenga ou parcial, que se restrinja, por exemplo, ao nome.

Desse modo, onde não foi o critério aplicado de forma plena, considera-se que ele não está em vigência. A exigência de que o *dicitur de subjecto* atinja tanto o nome quanto o enunciado é de natureza semântica, e, sem dúvida, condiciona a modalidade do critério. É como se estivesse oculta, junto a este, a seguinte cláusula: "caso o critério atinja apenas o nome, não se deve levá-lo em consideração". É evidente que o que determina essa cláusula são os propósitos lógicos e ontológicos, e não os de natureza linguística.

Veja-se o caso de branco, exemplo mencionado por Aristóteles em 2a19-31. Se, com efeito, se diz de Sócrates que é branco, esse branco, aparentemente, preenche as exigências do critério do *dicitur de subjecto*; o enunciado de branco, porém, jamais será dito de Sócrates. Suponha-se — com Minio-Paluello[21] — que o enunciado (do branco) é *color discretivus* (*albus est color discretivus*). O que a exigência lógico-ontológica de Aristóteles nos coloca, ao dizer que tanto o nome quanto o enunciado devem ser ditos do sujeito, a fim de o *dicitur de subjecto* se sustentar, é a transitividade (possibilidade de substituição) do nome em face do enunciado.

O teste da transitividade mostra-nos, portanto, que o critério do *dicitur de subjecto* não se aplicaria à qualidade. Esta só é regida pelo *esse in subjecto*, como se vê pelo exame das proposições "Sócrates é branco" e "a brancura está em Sócrates", em que a última revela, imediatamente, a subordinação ao princípio que mais organiza a predicação não substancial. Haveria, porém, equivalência entre a primeira e a segunda proposições, uma vez que são elas conversíveis entre si, por simples operação de paronímia.

---

[21] Minio-Paluello, L. Apud Vuillemin, J. *De la logique à la théologie*. Paris: Flamarion, 1967, p. 60.

Do fato de os exemplos aristotélicos que ilustram o *esse in subjecto* só acontecerem a predicados que sejam qualidades, pode-se observar uma grande lacuna nos comentários. Estes, a despeito de oporem a predicação substancial à não substancial, conformando-se, cada uma delas, respectivamente, ao *dicitur de subjecto* (predicação universal) e ao *esse in subjecto* (predicação acidental), só tratam da qualidade e só trabalham com exemplos dela. Impedindo que seja analisado em profundidade o alcance desses princípios, essa postura traz consequências desconcertantes: os comentadores insistem em que a brancura de Sócrates nele está, mas nunca dizem que a quantidade (por exemplo, o comprimento) nele estaria, como se se recusassem a testar livremente os princípios postos pelo próprio estagirita, ou a seguir suas indicações, às quais nem sempre o filósofo teria sido fiel, talvez pelo súbito aparecimento de dificuldades, que não pudera antever. Nessa postura, resumindo, aceita-se o critério do *esse in subjecto* como regente de toda predicação acidental, mas, paradoxalmente, só se examina sua aplicação à qualidade. Diante disso, pode-se dizer que a tradição vem tratando mecanicamente a questão, pouco tendo avançado das conclusões de Bonitz[22], que identifica, tranquilamente, a fórmula ἐν ὑποκειμένῳ como característica do *accidens substantiae* (acidente da substância), e a fórmula καθ' ὑποκειμένου como característica do *praedicatum subjecto* (predicado do sujeito). Para pôr termo a esse tratamento acrítico, é preciso colocar as seguintes questões:

1) O critério do *esse in subjecto* cobre, de fato, toda a predicação acidental?

2) De que forma ele se aplicaria a cada uma das categorias por ele cobertas?

Só o exame *in casu* das possibilidades do critério pode responder a essas indagações.

22 Bonitz, H. *Index Aristotelicus*. Secunda Editio. Graz: Akademische Druck u. Verlagsanstalt, 1975, p. 797.

## Os τόποι da qualidade

Aplica-se o τόπος da contrariedade às qualidades, ainda que não a todas elas. O espaço da contrariedade deve ser gerado no interior da categoria. Se a justiça é qualidade, a injustiça também deverá sê-lo. Não haverá, por conseguinte, contrariedade intercategorial.

A qualidade pode também admitir o mais e o menos. Entretanto, o que dela é próprio é o τόπος da semelhança e dessemelhança.

Todos esses τόποι têm posição de relevo na montagem das proposições, cujas possibilidades eles ajudam a informar. Por exemplo, suponha-se uma qualidade A, não há como buscar, com sucesso, seu contrário entre as quantidades. As proposições que forem nessa linha serão conhecidas, aprioristicamente, como falsas, pelo simples exame de sua montagem, sem que seja preciso recorrer à respectiva situação de fato, para a qual cada uma delas apontaria.

### 4

Costuma-se, como ficou marcado em secções anteriores, alojar todas as categorias que não são substância no âmbito da predicação não substancial, e, mais, considerar que o critério do *esse in subjecto* rege, soberanamente, essa predicação.

Chama a atenção, nesse quadro[23], o fato de a oposição *in subjecto est // dicitur de subjecto* (ἐν ὑποκειμένῳ ἐστιν // καθ' ὑποκειμένου λέγεται) ser pouco mencionada por Aristóteles (apenas nas *Categorias*, *De interpretatione* e *Tópicos*, totalizando quatro parcas citações). Entretanto, do fato de o filósofo não se referir explicitamente a essa oposição, não se segue que ele não opera em seu espaço e que ela não tenha relevância.

Tendo posto as fórmulas *dicitur de subjecto // in subjecto est* como algo de relevo e que precede mesmo a exposição mais detalhada da tábua categorial, Aristóteles não pensaria, a despeito disso, categorias que fugiriam a essa oposição? Ou não seria, às vezes, controverso alojar certas categorias nessa oposição?

Com efeito, suposta a proposição atributiva, e considerando que a predicação em tal proposição domina o ímpeto ativo contido no

---

[23] Preso à necessidade da presença declarada desses critérios, Vuillemin (1967) os desqualifica em seu estudo.

verbo, teríamos dificuldades para nela alojar uma categoria como o *fazer*. Afinal, a proposição "Brutus matou César" não pode ser reduzida, sem prejuízo de significação, à forma canônica da atribuição em que a cópula aparece — Brutus é o que matou César[24].

Quanto ao *sofrer*, Aristóteles, verdade que numa referência de cronologia posterior, esclarece que não está na substância. A referência é a seguinte (*Metafísica*, 1068b18-20): "Digo qualidade não o que está na substância (...), mas a qualidade passiva[25], segundo a qual se diz que uma coisa sofre ou não pode sofrer".

O problema da consciência e o da tônica da ação dão a essa categoria contornos que à proposição atributiva parece escaparem. Com efeito, seria uma dificuldade adicional pensar a oposição *in subjecto est // dicitur de subjecto* fora do quadro atributivo. Talvez a solução seja a de Gillespie[26], que afirma, segundo estudo da gênese das categorias, que elas teriam sido produzidas, de início, para responder a questões sobre os atributos de um homem individual. Nesse quadro, sua generalização para a totalidade das substâncias encontrou resistências muito significativas tanto no *fazer* quanto no *sofrer*, que assumem formas especiais no gênero humano. Aplica-se, pois, ao *sofrer* toda cautela com que se deve lidar com o *fazer*, *mutatis mutandis*.

## A diferença ante a oposição *in subjecto est // dicitur de subjecto*

Tal como foi colocada, já no início do tratado *Categorias*, a oposição sobredita parece reservada unicamente à tábua. Todavia, Aristóteles aplica-a ao exame da diferença, que é característica da substância. Sendo, porém, os critérios *in subjecto est* e *dicitur de subjecto* para toda a tábua das categorias, não haveria nenhum problema lógico em fazer uso deles no âmbito interno de uma categoria. A surpresa, no entanto, reside no fato de o estagirita alojar a diferença no *dicitur de subjecto*. Afirma, por exemplo, que bípede e

---

[24] Cousin, D. R., apud J. M. Le Blond (1973, p. 324).

[25] Secundando Valentín Garcia Yebra (*Metafísica*, 1982), traduzimos τὸ παθητικόν por qualidade passiva.

[26] In: *Classical Quarterly* (1925, v. 19, p. 84).

pedestre não estão em um sujeito, porque não são partes do homem. Ora, anteriormente (1a20-25), havia dito que entendia como em sujeito aquilo que, embora não estivesse em sujeito como sua parte, dele não pudesse ser separado.

Para resolver essa dificuldade, Aristóteles recorre ao fato de a definição da diferença se aplicar ao sujeito, o que não ocorreria no caso do *esse in subjecto*. Trata-se, com efeito, de critério suplementar que vem salvar o critério fundamental em momento de risco. Entretanto, nada impediria que se assimilasse a diferença à qualidade, até a ausência de nomes em grego referentes aos adjetivos indicativos de diferença, como bípede, racional, terrestre. Afinal, a questão ontológica e lógica não pode deter-se junto aos limites da língua posta. Em tal caso, haveria necessidade de forjar novos nomes.

## Outras categorias e o critério que organiza a predicação não substancial

Iniciemos a análise pela categoria do estar-em-uma-posição (Em grego: κεῖσθαι). Veja-se a frase:

> Alcebíades está deitado

Essa categoria refere-se às posturas, como são representadas nos esquemas médicos. Nesse sentido, Gillespie[27] considera-a como uma categoria cuja generalização indiscriminada é desaconselhável, para outros objetos. O indivíduo a que se poderia aplicá-la é o homem individual. Não se trata, vale lembrar, de mera relação de posição entre Alcebíades e o que o cerca, por exemplo. Se assim fosse, o *estar-em-uma-posição* poderia resolver-se, em última instância, em relações espaciais com o exterior. Desse modo, pode-se dizer que tal categoria manifesta-se por determinado alinhamento que assume o homem individual, segundo suas diferentes posturas.

Voltemos à frase "Alcebíades está deitado". Que critério se lhe aplicaria? Não há inconveniente em se lhe aplicar o *esse in subjecto*, pois a postura, de algum modo, está na substância, uma vez que se manifesta a partir de determinado alinhamento assumido pelo sujeito.

---

[27] In: *Classical Quarterly*, (1925, v. 19, p. 82).

Entretanto, se se considerar o *estar-em-uma-posição* como exclusivo do homem (hipótese de Gillespie), pode-se assimilá-lo à diferença, visto que, pela exclusividade, ele emerge como toque diferencial do homem em face de outras substâncias. Ora, nada impede que se lhe aplique, assim, o *dicitur de subjecto*, que, segundo o estagirita, alcançaria a diferença, conforme vimos em secção anterior. O esforço, frustrado talvez, de Aristóteles foi dar ao *estar-em-uma-posição* o *status* de categoria e não de uma mera diferença. Se, todavia, tivermos esse esforço coroado de êxito, não se pode aplicar o *dicitur de subjecto*, mas "o critério do *esse in subjecto*", como foi dito no parágrafo anterior.

* * *

Sobre o restante, isto é, o *quando* e o *onde*... pelo fato de serem evidentes, nada deles se diz, senão todas as coisas já ditas inicialmente.

A categoria do *onde*, isto é, do lugar, significa, como diz Aristóteles, por exemplo, no Liceu (1b25).

Do ponto de vista dos exemplos de Aristóteles, imaginemos a seguinte oração: "Sócrates está no Liceu". Em tal caso, o predicado é elemento totalmente exterior à substância. Essa exterioridade física, entretanto, não pode ser suficiente para afastar o *esse in subjecto*, pois "Digo estar em sujeito aquilo que está em uma coisa, não como sua parte, mas que não pode estar fora daquilo em que está"[28]. Resumindo, a natureza predicante da categoria em exame e a sua inseparabilidade do sujeito (inseparabilidade ontológica, uma vez que, na condição de predicado, não pode dispensar a presença da substância) apontam para a confirmação do domínio do *esse in subjecto*. Aqui não se pode confundir a expressão "no liceu" (predicado) com a expressão "liceu" (substância). Na verdade, o centro do "onde" é o "em".

* * *

Sobre o *quando*, é de supor que a exterioridade, que sucede diante do *onde*, também suceda com relação a essa outra categoria.

Assim, considerando os exemplos aristotélicos que ilustrariam essa categoria, postos no tratado (1b25-2a24) — ontem, no ano pas-

---

[28] *Categorias* (1a20).

sado — , podem-se montar algumas orações e, a partir delas, examinar se estão sob o âmbito de validade do *esse in subjecto*. Façamo-lo, pois. Suponha-se a frase:

> Sócrates esteve em Éfeso no ano passado.

Ora, certamente será impossível alojar no ano passado ou algo que derive disso, paronimamente, no interior da substância que se chama Sócrates. Aliás, pela seguinte passagem da *Física* (221a17):

> As coisas estão no tempo como elas estão no número. E se é, desse modo, as coisas estão contidas pelo tempo como elas estão contidas pelo espaço [...].

pode-se concluir que tanto o *onde* quanto o *quando* assumem posição de exterioridade em face da substância. É, pois, reflexão do próprio filósofo, ainda que cronologicamente posterior às *Categorias*, que parece confirmar esse fato. Todavia, como foi dito para o *onde*, essa exterioridade física não tem o condão de afastar o *esse in subjecto* (inseparabilidade lógico-ontológica), pois, do ponto de vista da predicação, o *quando* não se pode separar da substância, uma vez que, na proposição, só deve comparecer como predicado.

* * *

## Ter

Examinemos, diante dos critérios do capítulo II do tratado das *Categorias*, a situação da categoria do *ter*. Diz Aristóteles que o *ter* significa o "estar calçado", o "estar armado". É evidente que esses predicados mantêm uma relação de exterioridade para com a substância. O Sócrates "estar em suas sandálias" encerra, pois, uma modalidade de articulação categorial distinta de o "branco estar em Sócrates"; afinal, na primeira proposição, observa-se o *ter*, no qual há exterioridade física do atributo ante a substância; e, na segunda, observa-se a qualidade, sendo que, no caso desta, há inserção física do atributo no sujeito. Há, pois, uma nítida discriminação entre essas duas categorias, de tal sorte que aqueles que reduzem as categorias de Aristóteles, sobretudo assimilando o *ter* à qualidade, cometem um erro.

Deve-se, porém, dizer que essa diferença no plano físico não impede a aplicação do critério do *esse in subjecto* a ambas as categorias, pois, como já dissemos anteriormente, não é a exterioridade física que obsta a utilização desse esquema, mas a exterioridade lógico-ontológica do predicado diante do sujeito.

A título de exame, poder-se-ia perguntar se ao *ter* é aplicável o *dicitur de subjecto*. Considere-se, nesse quadro, a proposição seguinte:

Alcebíades está armado.

Seja o enunciado de "armado" "o que tem no corpo a panóplia". Ora, bem que se poderia aplicar o enunciado de armado ao sujeito; entretanto, tal como sucedera ao se discutir o "estar-em-uma-posição", vai-se descobrir que, ausente a identidade entre o predicado e o sujeito, o *dicitur de subjecto* não cabe. Desse modo, revela-se operação equivocada aplicar esse critério à categoria do *ter*. Afinal, o *dicitur de subjecto*, perdendo, por exigências extralinguísticas (o critério suplementar de identidade entre o sujeito e o predicado), suas conotações meramente linguísticas, mostra sua condição de princípio de ordem lógico-ontológica. Com efeito, é disso que se trata.

❖

CAPÍTULO 5

# Algumas observações sobre a proposição, segundo a teoria das categorias

Dizíamos, no início desta introdução, escudando-nos em um comentário da Antiguidade, o de Filopon, que visam as categorias a fundamentar ontologicamente a proposição. O esforço analítico, representado pela enunciação de cada categoria, revela, nesse quadro, a aplicação de um princípio heurístico que orienta Aristóteles na feitura de toda a sua obra. É ele próprio que nos diz, na introdução da *Política*: "... só se pode conhecer bem as coisas compostas, decompondo-as e levando à análise até os seus elementos mais simples".

Percorremos, é verdade que de modo perfunctório, essas categorias, segundo os critérios da investigação analítica. Nesse percurso, ressaltaram-se algumas características de cada uma delas, bem como a sua relação com alguns princípios que as organizariam em proposição: o do *dicitur de subjecto* e o do *esse in subjecto*.

Agora retornamos ao fim a que se destinaria a tábua categorial — a proposição; retornamos também a alguns princípios e mecanismos que a põem em movimento. Examinaremos, assim, variantes preposicionais, possibilitadas pela teoria categorial de Aristóteles, e, além disso, proposições que estão totalmente à margem do esquema das categorias, indicando, por isso mesmo, os limites da tábua dos grandes gêneros do estagirita.

## Formas canônicas

De um modo geral, pode-se dizer que há dois tipos de proposição determinados pela tábua, cujas formas canônicas indicaremos a seguir (vale lembrar que as proposições envolvendo relativos escapam aos cânones da tábua categorial, pois nelas a substância não comparece como sujeito):

| **Sujeito** | **Predicado** |
|---|---|
| 1) Substância primeira ou substância segunda (espécie) | Substância segunda gênero |
| 2) Substância primeira ou segunda | Predicado não substancial |

Ambas as formas canônicas se enquadram na moldura de proposição do estagirita, a atributiva. Esse tipo de proposição deixa como que vagante, no limbo da tábua categorial, uma categoria como o fazer. Tal fato se deve a que a proposição atributiva não é a forma proposicional que melhor acomodaria o tipo categorial que se denomina fazer. Afinal, quando se diz

Sócrates bebeu a cicuta[29],

se diz algo diferente do que é dito quando se enuncia a seguinte proposição: "Sócrates é o que bebeu a cicuta". Na primeira, há a marca inconfundível da ação, o destaque para o fato de Sócrates beber a cicuta, pôr em movimento o fazer. Na segunda, Sócrates assume, na frase, a posição quase passiva de recipiente do predicado, e a oração, desse modo, apenas denota um traço biográfico do pensador.

Ora, toda a tônica da lógica aristotélica se conecta aos vários sentidos do ser, afastando, assim, do esquema proposicional do estagirita, proposições em que a ligação entre o sujeito e o predicado não é feita pelo verbo ser. Não esquecer que a ligação feita pelo ser dá origem, em Aristóteles, a discussões de alta densidade metafísica.

---

[29] Cousin, D. R., op. cit., p. 324.

## Valores de verdade das proposições

Naturalmente, a tábua das categorias vai engendrar uma série de possibilidades proposicionais. É normal, porém, que o uso incorreto ou indevido do esquema das categorias engendre os mostrengos proposicionais. Suponhamos, nesse quadro, a frase obtida por Vuillemin[30]:

> Uma cor está dentro desta brancura.

A brancura, enquanto qualidade, não pode receber um predicado. Mas é falsa essa frase? Ou é um *nonsense*? Martha e William Kneale hesitam[31]. Vuillemin declara que se trata de um *nonsense*.

Faz-se mister, entretanto, esclarecer que, na teoria das categorias, sobretudo na época do tratado que delas cuida, há só dois valores de verdade — o verdadeiro e o falso. O fato de a tábua das categorias não recomendar a frase supracitada deverá ser sempre lido em termos de verdade ou falsidade. Se a tábua comporta a oração, então ela é falsa — o que pode ser significado em termos de existência ou não-existência, isto é, a frase poderia *a priori* ser dada como falsa, pois não existe uma cor que esteja na brancura, ou seja, não existe uma brancura à qual se aplicaria "uma cor" conforme o critério do *esse in subjecto*.

Parece-nos razoável deduzir essa posição de Aristóteles do trecho 13b25, em que o estagirita afirma que, dados dois discursos, em que haja a afirmação e a sua negação, sempre um deles será falso e o outro, verdadeiro. Resta saber, porém, se o estagirita aceitaria no universo de suas afirmações e negações proposições como a sobredita, que tomamos de empréstimo a Vuillemin. Aqui ficamos com um simples palpite.

## Estrutura das proposições atípicas

Uma sequência de proposições referentes a um mesmo sujeito, em

---

30 VUILLEMIN, J. 1967, p. 52.

31 KNEALE, Martha; KNEALE, William., op. cit., p. 34.

que os predicados entrem em contradição, não é permitida no esquema categorial. Se, pois, num mesmo instante, emite-se a sequência

> Sócrates é jovem.
> Sócrates é velho.

considerando que Sócrates existe[32], uma das duas proposições é verdadeira, e a outra, falsa. Esse ponto foi anteriormente abordado, no capítulo dedicado à substância. A única observação que faríamos, e que não nos parece dita em páginas anteriores, é que o princípio dos princípios que se aplica aqui interproposicionalmente, e que também pode ter aplicação intraproposicional (distinção, aliás, não nítida em Aristóteles), não é algo totalmente exterior à proposição, na medida em que só é possível para as proposições que enfeixam essa noção chamada substância, ou algo que se lhe aproxima, isto é, proposições em que o predicado não plasma o sujeito a seu talante. É esse fato, a substancialização de um sujeito não substancial, que permite que sejam falsas as proposições seguintes:

> O três é par.
> O três é animal.

Quando dizemos "algo que se lhe aproxima", pensamos, portanto, nas orações em que o sujeito, embora não seja substância, tem mais resistência e mais permanência que o predicado. Na primeira oração, a falsidade é determinada pelo exame dos conteúdos do sujeito e do predicado. O simples exame, na segunda, dos termos categoriais envolvidos é suficiente para determinar o seu valor de verdade. Afinal, a forma categorial da segunda é esta: quantidade (sujeito) — substância (predicado). Ora, isso é simplesmente a inversão da forma canônica, sendo, pois, rematada falsidade. É natural, porém, que o silêncio de Aristóteles lance sobre o assunto perplexidade e dúvidas.

A aplicação do princípio dos princípios contra o sujeito que se substancializa parece ser, ao menos no caso dos números, mais simplificada do que contra seres nitidamente corruptíveis, a saber, a substância, tal como ela aparece no tratado *Categorias*. Nesse último caso, considerando-se as proposições "Sócrates está doente" e "Sócrates

---

[32] *Categorias* (13b25-35).

está são", para que uma delas seja falsa e a outra verdadeira, é preciso verificar, a cada instante, se Sócrates vive. Ambos os predicados, "são" e "doente", poderão, um a cada vez, se aplicar a Sócrates. Não é esse certamente o caso de uma oração como a que diz que o três é par, em que o número parece inquestionavelmente dado, não sendo sujeito à corrupção própria da substância. Ademais, ainda que substancializada, a quantidade, como categoria própria à predicação, não pode ser receptiva de contrários. Desse modo, a oração "o três é par", se falsa agora, também será falsa depois, obrigatoriamente, de modo distinto das orações seguintes, que são canônicas:

> Sócrates é velho.
> Cálias é grande.

Entretanto, a não-receptividade de contrários não deve ser atributo[33] apenas dos números e das quantidades. Não se pode, pois, alterar o valor de verdade de uma proposição que apresente como sujeito uma categoria que não seja substância. Desse modo, a proposição "a brancura é uma cor", se se mantiver que a qualidade não recebe contrários, será sempre verdadeira, desde que se possa conceber que haja ao menos uma substância que seja branca, pois a verdade da proposição que vem de ser citada se assenta sobre a verdade de pelo menos uma proposição que obedeça aos cânones, e, mais particularmente, que tenha como predicado a brancura — substância + brancura. Essa seria uma solução para explicar as proposições em que categorias não substanciais comparecem como sujeito, e na qual se consideraria o fato de somente a substância ser separável.

Voltemos à frase "a brancura é uma cor". Com efeito, o critério do *dicitur de subjecto* rege a articulação do predicado com o sujeito na oração acima. Cor, no caso, é dita de brancura e está em sujeito, pois onde houver brancura, negrura, e outras, há cor. Ora, o lugar da frase sobredita é o previsto em 1b1-5: "Outras coisas são ditas de um sujeito e estão em um sujeito. Por exemplo, o conhecimento, estando em um sujeito, na alma, é dito de um sujeito, da gramática".

Comparemos as proposições "Sócrates é homem" e a "brancura é uma cor". Em ambas, aplica-se o *dicitur de subjecto*. Todavia, há

[33] A receptividade de contrários é própria à substância (4a10-15).

uma distinção fundamental entre os predicados. Na primeira frase, o predicado, por ser substancial, não está em nenhum sujeito; na segunda frase, o predicado, a despeito de não estar na brancura, deve estar nas substâncias, que são o seu *locus* ontológico.

Agora, que dizer de uma frase como "o três é belo", ou de alguma que lhe seja similiar, considerando a estrutura categorial da proposição? Uma oração dessa natureza deverá ter a quantidade como sujeito e a qualidade como predicado. Não se pode falar, certamente, em semelhante caso, de aplicação do critério do *dicitur de subjecto*. Mas poderia a quantidade receber a qualidade, segundo o *esse in subjecto*? Se isso fosse possível, a substância aristotélica talvez carecesse de significado, pois não haveria mais fronteira entre ela e as outras categorias, que, substancializadas, adquiririam todas as características da substância. Como, então, compreender a relação do predicado ao sujeito em tal oração? Como algo meramente externo? Se assim for, a relação que o predicado beleza mantém com o sujeito é totalmente distinta, nas proposições seguintes:

> Alcebíades é belo.
> O três é belo.

Com efeito, na primeira, e só nela, a relação entre o sujeito e o predicado faz-se pelo *esse in subjecto*. Na segunda, o sujeito, não sendo substância, não pode acolher o predicado segundo o critério do *esse in subjecto*. Que fazer? Aplicar-se-lhe o critério do *dicitur de subjecto*? Nesse caso, todavia, não haveria, na proposição, a identidade do sujeito com o predicado de uma oração do tipo "Sócrates é homem", pois "três" e "belo" pertencem a categorias distintas, não sendo predicado a categoria da quantidade colocada em um nível de maior universalidade, mas uma qualidade (belo). O predicado "belo" seria, no máximo, a revelação parcial (de um dos aspectos) do três, e poderia ser aplicado a outras categorias. Semelhante aplicação dar-se-ia, segundo o *esse in subjecto*, se o sujeito fosse substância; segundo o *dicitur de subjecto*, se houvesse identidade das categorias situadas no sujeito e no predicado.

Já a frase "a brancura é bela" traz um tipo singular de proposição, pois nela tanto o sujeito quanto o predicado pertencem a uma mesma categoria — a qualidade. Entretanto, e isso é o que há de específico na frase, a qualidade que é predicado não aparece como generalização do sujeito, tampouco ela pode estar (*esse in subjecto*) no sujeito que, a rigor, não é substância. Se se desejasse encontrar uma análoga dessa proposição em que o sujeito, de fato, fosse uma substância, teríamos algo como:

> O homem é uma planta.

Na hipótese de uma estrutura substancial, parece-nos, contudo, mais difícil aceitar tais frases senão como falsas. Pelo visto, o *corpus* categorial está longe de dar solução satisfatória a essas questões.

# Conclusão

Em nossa época, foi posto definitivamente de lado o juízo absoluto desfavorável às categorias aristotélicas, mesmo quando advindo de respeitáveis pensadores. Nessa perspectiva, o trabalho obstinado dos comentadores terminou afastando como insustentável a opinião sobre o tema de grandes nomes da filosofia, como, por exemplo, Kant, Hegel e Stuart Mill[34].

O primeiro afirmara que Aristóteles rapsodicamente ia recolhendo as categorias, à medida que surgiam. O segundo asseverara que o estagirita simplesmente punha lado a lado as categorias, pois não tinha feito o exame acurado de cada uma delas e de suas relações, ainda que tenha pensado o seu conceito em si e para si. O último vira na tábua em questão algo que nos lembraria uma ingênua divisão dos seres vivos em homens, quadrúpedes, cavalos e asnos.

Todos esses juízos estão recolhidos no anedotário filosófico, pois não fazem justiça ao esforço intelectual que empreendera Aristóteles. Hoje há, pois, unânime reconhecimento da importância da tábua das categorias, como a devemos ao tratado e a outras obras do filósofo (aqui se inclui a *Metafísica*). Esse reconhecimento, porém, não vem, certamente, sem advertências e restrições. Bem o representa a seguinte passagem de Hamelin[35]:

---

[34] Gomperz, T., op. cit., p. 49.

[35] Hamelin, O., op. cit., p. 101.

> [...], nem o sentido e o alcance geral da doutrina das categorias, nem a natureza de cada categoria foram determinadas com precisão suficiente pelo nosso tratado, e essas lacunas foram alhures apenas imperfeitamente preenchidas por Aristóteles.

Mas aqui é preciso estar atento, pois, se há insuficiências e dificuldades flagrantes na teoria, as quais se procurou analisar no capítulo imediatamente anterior, há, por outro lado, um contributo de que não se pode prescindir. Ela nos oferece uma grande classificação lógico-ontológica dos seres, permite a extensão do domínio do princípio da contradição aos seres sensíveis e cumpre relevante função no multifônico debate filosófico, pois assim foi o combate, na quadra histórica vivida por Aristóteles. Através das categorias, portanto, Aristóteles dialoga com Antístenes, Platão, Parmênides e Heráclito, para não se falar de outros.

❖

# Categorias

## (Tradução do grego clássico)*

* Nessa tradução, o autor valeu-se da edição de Bekker e recorreu com frequência aos dicionários de Bailly (grego-francês) e de Liddell & Scott (grego-inglês) e aos seguintes dicionários de língua portuguesa: *Novíssimo dicionário de Língua Portuguesa*, de Laudelino Freire; *Dicionário de Língua Portuguesa*, de Aulete; *Dicionário de regimes de substantivos e adjetivos e Dicionário de verbos e regimes*, de Francisco Fernandes. De resto, esses dicionários de língua portuguesa foram utilizados também na introdução e nos comentários aos capítulos.

# Categorias

## I

1a1 — Homônimas são ditas as coisas, das quais só o nome é comum, enquanto, segundo o nome, o enunciado da essência é outro. Por exemplo, animal é tanto o homem quanto o retrato, pois somente o nome deles é comum, enquanto, segundo o nome, o enunciado da essência é outro. Com efeito, se alguém quiser dar conta do que é a essência do animal, em relação a cada um deles, dará um enunciado próprio a cada um.

1a6 — Dizem-se sinônimas as coisas cujo nome é comum e, segundo o nome, o enunciado da essência é o mesmo, por exemplo, animal é o homem e o boi, pois cada um deles é chamado pelo nome comum animal, enquanto o enunciado da essência é o mesmo. Com efeito, se alguém quiser dar conta do que é, para cada um deles, a essência do animal, dará um mesmo enunciado.

1a12 — Parônimas são ditas todas as coisas que, diferindo-se de uma outra coisa pela desinência, obtêm a denominação do nome; assim, da gramática, o gramático; e da coragem, o corajoso.

## II

1a16 — Das coisas que são ditas, umas são ditas segundo complexão; outras, sem complexão. Por exemplo, são ditas, segundo complexão, estas: homem corre, homem vence; e, são, por exemplo, sem complexão, as seguintes: homem, boi, corre, vence.

1a20 — Das coisas que são, umas são ditas de um sujeito, não estando em um sujeito; por exemplo, homem é dito de sujeito, de um homem individual, não estando em nenhum sujeito. Outras estão em sujeito, não sendo ditas de nenhum sujeito. Digo estar em sujeito aquilo que está em uma coisa, não como sua parte, mas que não pode estar fora daquilo em que está. Por exemplo, um certo conhecimento gramatical está em sujeito, na alma, não sendo dito de nenhum sujeito; e uma certa brancura está em sujeito, no corpo — pois todas as cores estão em algum corpo —, mas não é dita de nenhum sujeito. Outras coisas são ditas de sujeito e estão em um sujeito. Por exemplo, o conhecimento estando em um sujeito, na alma, é dito de sujeito, da gramática. Outras nem estão em um sujeito, nem são ditas de sujeito — por exemplo, o homem individual, o cavalo individual —, pois nenhuma das coisas desse tipo está em sujeito, ou é dita de sujeito. E, simplesmente, os indivíduos e o que é numericamente um não são ditos de nenhum sujeito, apesar de nada impedir alguns de estarem em sujeito. Ora, um certo conhecimento gramatical é uma das coisas que estão em sujeito.

## III

1b10 — Quando uma coisa se predica de outra como de seu sujeito, tudo o que for dito do predicado também será dito do sujeito. Por exemplo, homem se predica de homem individual, e animal, de homem, então, animal também será predicado de homem individual. O homem individual, com efeito, é tanto homem quanto animal.

1b16 — Das coisas de gêneros diferentes e não subordinados uns aos outros, também diferentes serão as diferenças em espécie. Por exemplo, de animal e de conhecimento, pois o pedestre e o bípede, o alado e o aquático são diferenças de animal, nenhuma delas é de conhecimento, pois um conhecimento não se diferencia de outro por ser bípede.

Quanto aos gêneros subordinados uns aos outros, nada impede que tenham as mesmas diferenças, pois os de cima são predicados dos gêneros que estão sob eles, de tal sorte que todas as diferenças do predicado são também diferenças do sujeito.

## IV

1b25 — Cada uma das coisas ditas sem nenhuma complexão significa ou substância, ou quantidade, ou qualidade, ou relação, ou onde, ou quando, ou estar-em-uma-posição, ou ter, ou fazer, ou sofrer. Numa palavra, substância é, por exemplo, homem, cavalo; e é quantidade, por exemplo, dois côvados, três côvados; e qualidade, por exemplo, branco e gramatical; e relação: metade, maior; e onde: no Liceu, na ágora; e quando: ontem, antes; estar-em-uma-posição: está deitado, está sentado; e ter: está calçado, está armado; e fazer: por exemplo, cortar, queimar; e sofrer: ser cortado, ser queimado.

2a4 — Cada uma dessas coisas já ditas, de per si, nada afirma, mas é pela complexão delas entre si que acontece a afirmação. Com efeito, toda afirmação parece ser verdadeira ou falsa; e, das coisas ditas sem complexão, nenhuma é verdadeira ou falsa, por exemplo, homem, branco, corre, vence.

## V

2a11 — Substância é a que é dita, no sentido mais fundamental, primeiro e absoluto, a que não é dita de nenhum sujeito, nem está em algum sujeito, por exemplo, o homem individual e o cavalo individual. São substâncias segundas as espécies em que subsistem as substâncias ditas no sentido primeiro. Elas e também seus gêneros. Por exemplo, o homem individual subsiste na espécie homem, e o gênero dessa espécie é animal. Segundas são ditas essas substâncias, como o homem e o animal.

2a19 — A partir do que já foi dito, torna-se evidente que, das coisas que são ditas do sujeito, é necessário que tanto o nome quanto o enunciado sejam predicados do sujeito. Por exemplo, homem é dito de um sujeito, do homem individual, e o nome se predica, pois homem é predicado de homem individual. E também o enunciado de homem será predicado de homem individual, pois o homem individual também é homem. Por conseguinte, tanto o nome quanto o enunciado serão predicados do sujeito. Entretanto, na maior parte das coisas que estão em sujeito, nem o seu nome, nem o seu enunciado são predicados do sujeito. Em algumas, porém, nada impede que o nome seja predicado do sujeito, mas ao enunciado isso é impossível. Assim, o branco, estando em um sujeito, em um corpo, é predicado do sujeito, pois o corpo é dito branco. O enunciado de branco, entretanto, jamais se predicará do corpo.

2a34 — Em verdade, todas as outras coisas ou são ditas dos sujeitos, que são substâncias primeiras, ou são elas que estão nesses mesmos sujeitos. Isso se torna evidente, a partir de cada um dos casos particulares que se considera, por exemplo, animal se predica de homem. E também animal será predicado de homem individual, pois, se não fosse predicado de nenhum homem individual, também não seria predicado do homem em geral. Por sua vez, a cor está no corpo em geral, portanto, também está em um corpo individual. Com efeito, pois se não estivesse em algum dos corpos particulares, não estaria no corpo em geral. Por conseguinte, todas as outras coisas ou se dizem das substâncias primeiras subjacentes, ou existem nessas mesmas subjacentes. Não existindo, portanto, substâncias primeiras, é impossível que haja alguma das outras coisas, pois todas as outras coisas são ditas desses sujeitos ou estão nesses mesmos sujeitos. Por conseguinte, não havendo substâncias primeiras, é impossível haver alguma das outras coisas.

2b7 — Das substâncias segundas, a espécie é mais substância que o gênero, pois está mais próxima à substância primeira. Se alguém quiser dar conta da questão "o que é substância primeira?", dará conta, de forma mais precisa e mais adequada, aplicando a espécie do que aplicando o gênero. Por exemplo, dar-se-ia conta, de modo mais preciso, do homem individual, aplicando homem do que aplicando animal. Pois aquele é mais próprio ao homem individual do que este, que é mais geral. E também se alguém der conta de uma árvore individual, dará conta, de maneira mais precisa, aplicando árvore do que planta. E ainda pelo fato de as substâncias primeiras subjazerem a todas as outras coisas, todas as outras coisas ou delas são predicados ou nelas estão, pelo que elas, de modo absoluto, são ditas substâncias. Como as substâncias primeiras estão para o restante, também a espécie está para o gênero. Com efeito, a espécie subjaz ao gênero, pois, se os gêneros são predicados das espécies, as espécies, inversamente, não são predicados dos gêneros. Por conseguinte, também se conclui, a partir do exposto, que a espécie é mais substância que o gênero.

2b22 — Quanto a todas aquelas, dentre as mesmas espécies, que não são gêneros, em nada uma é mais substância do que outra, pois, aplicando o homem ao homem individual, em nada alguém fará a aplicação de modo mais apropriado do que aplicando o cavalo ao cavalo individual. Do mesmo modo, em se tratando de substâncias primeiras, nenhuma delas é mais substância do que outra. O homem individual, pois, em nada é mais substância do que o boi individual.

2b29 — É com razão que, além das substâncias primeiras, do restante das coisas, apenas as espécies e os gêneros são ditos substâncias segundas, pois elas são os únicos predicados a revelarem a substância primeira. Com efeito, se alguém aplicar "o que é" em relação ao homem individual, fará a aplicação de modo apropriado, se aplicar a espécie ou o gênero, e com mais precisão fará a aplicação, aplicando homem do que aplicando animal. Mas, quanto ao restante, aquilo que alguém aplicar será aplicado de uma outra maneira, por exemplo, branco, corre, ou algo semelhante. Por conseguinte, é com razão que somente estas entre as outras são ditas substâncias. Demais, as substâncias primeiras, por subjazerem a todas as outras coisas, são ditas, de modo absoluto, substâncias. Como as substâncias primeiras existem em relação a todo o restante, as espécies e os gêneros das substâncias primeiras existem em relação a todas as outras coisas, pois todas as outras coisas são predicados dela. Alguém dirá, com efeito, que o homem individual é gramático; por conseguinte, também dirá ser gramático tanto o homem quanto o animal. E o mesmo sucederá a outros casos.

3a7 — É comum a toda substância o fato de não estar em um sujeito. Com efeito, a substância primeira nem é dita de um sujeito, nem está em um sujeito. Quanto às substâncias segundas, é também evidente que não estão em um sujeito, pois o homem é dito de um sujeito, isto é, do homem individual, mas não está em um sujeito. Do mesmo modo, animal é dito de um sujeito, a saber, do homem individual, e animal não está em um homem individual. E, ademais, das coisas que estão em um sujeito, nada impede que o seu nome se predique do sujeito, mas é impossível fazê-lo com o enunciado. Das substâncias segundas, tanto o nome quanto o enunciado são predicados do sujeito. De fato, o enunciado de homem se predicará do homem individual, como também o de animal. Por conseguinte, entre as coisas que estão no sujeito, não poderia haver substância.

3a21 — Isto, entretanto, não é próprio da substância, pois também a diferença pertence às coisas que não estão no sujeito. Com efeito, o que é dípode e o que é pedestre são ditos de um sujeito, a saber, do homem, e não estão em um sujeito. De fato, nem o que é dípode, nem o que é pedestre estão no homem. E o enunciado da diferença predica-se daquilo de que a diferença se diz. Por exemplo, se o pedestre se diz de homem, também o enunciado de pedestre se predicará de homem: o homem, com efeito, é pedestre.

3a29 — Não nos perturbe o fato de as partes das substâncias estarem nos seus todos como nos seus sujeitos. Não sejamos obrigados a declarar não serem elas substâncias, pois não se dizia que as coisas estão assim em um sujeito como as partes subsistem em alguma coisa.

3a33 — Pertence às substâncias e às diferenças o fato de todas as coisas serem ditas sinonimamente a partir delas. Com efeito, todos os predicados delas oriundos ou são predicados dos indivíduos ou das espécies. Em se tratando de substância primeira, não há nenhuma predicação, pois não é dita de nenhum sujeito. Das substâncias segundas, a espécie predica-se do indivíduo; e o gênero, tanto da espécie quanto do indivíduo. E, da mesma forma, as diferenças são predicados tanto das espécies quanto dos indivíduos. E quanto ao enunciado, as substâncias primeiras o recebem das espécies e dos gêneros, e a espécie, do gênero, pois tudo o que for dito de um predicado também será dito do sujeito. Da mesma forma, as espécies e os indivíduos recebem o enunciado das diferenças. E sinônimas, já disse, são as coisas de que tanto o nome é comum quanto o enunciado é o mesmo, por conseguinte, tudo o que se diz das substâncias e das diferenças é dito sinonimamente.

3b10 — Toda substância parece significar algum isto. Em relação às substâncias primeiras, é incontestavelmente verdadeiro que significam algum isto, pois o que é revelado é individual e numericamente um. Mas, em relação às substâncias segundas, parece, de modo igual, que significam, pelo esquema de denominação, algum isto, quando alguém diz homem ou animal; mas isso não é verdadeiro, pois significam mais uma qualidade. Com efeito, o sujeito não é um, como a substância primeira, mas o homem e o animal são ditos de muitos. Isso, entretanto, não significa, de modo absoluto, uma certa qualidade, como o branco, pois o branco não significa outra coisa senão qualidade, enquanto a espécie e o gênero determinam a qualidade em torno da substância; na verdade, eles significam uma substância de certa qualidade. É mais ampla a delimitação que se faz pelo gênero do que aquela que se faz pela espécie, pois o que diz o animal cobre uma extensão maior do que o que diz o homem.

3b24 — Pertence também às substâncias o fato de nada a elas ser contrário. O que, pois, seria contrário à substância primeira? Por exemplo, nada é contrário ao homem individual, nem ao homem, nem ao animal nada é contrário. Isso não é próprio da substância, mas pertence também a muitas outras coisas, como à quantidade. Com efeito, nada é contrário à medida de dois côvados, nem à de dez, nem a nenhuma de tais coisas, se alguém não disser que o muito é contrário ao pouco, ou o grande ao pequeno. Das quantidades definidas, porém, nenhuma é contrária a nenhuma.

3b33 — Parece também que a substância não recebe o mais e o menos. Digo que não, porque uma substância não é mais substância do que outra. Com efeito, está dito que é isto — mas cada substância, em relação àquilo que ela é, não se diz mais ou menos; assim, se a própria substância é homem, não será mais ou menos homem, nem ele mais do que ele próprio, nem outro mais do que outro; pois não é um homem mais homem do que um outro, como este branco é mais branco do que outro, e, da mesma forma, este belo é mais belo do que outro. Diz-se também mais e menos de uma mesma coisa, por exemplo, o corpo, sendo branco, diz-se mais branco agora do que anteriormente, e, da mesma forma, um corpo, sendo quente, é dito mais ou menos quente. A substância, entretanto, não é dita mais ou menos, em relação a nada, pois nem homem é dito mais homem agora do que antes, nem nenhuma das quantas coisas que são substâncias. Por conseguinte, a substância não poderia receber o mais e o menos.

4a10 — Parece, sobretudo, que é próprio da substância, sendo a mesma e uma numericamente, ser receptiva de contrários. Com efeito, em relação a nenhuma das outras coisas (de quantas que não são substâncias), poderia alguém proclamar o que é receptivo dos contrários, sendo numericamente um. Por exemplo, a cor, que é uma e mesma numericamente, não será branca e negra, nem uma mesma ação, também numericamente uma, será má e boa, e do mesmo modo sucede a todas as outras coisas quantas não são substâncias. Mas a substância, ainda que seja a mesma e numericamente uma, é receptiva de contrários; por exemplo, o homem individual, sendo o mesmo e um, se torna ora branco, ora negro, ora quente, ora frio, ora mau, ora bom.

4a22 — Em nenhuma das coisas restantes, tal fato ocorre, a não ser que alguém sustentasse que a proposição e a opinião fossem coisas desse tipo. Com efeito, uma mesma proposição parece ser ora verdadeira, ora falsa. Por exemplo, se for verdadeira a proposição "uma pessoa está sentada", levantando-se essa pessoa, essa mesma proposição será falsa. Da mesma forma, é no que diz respeito à opinião. Com efeito, se se emitisse, de modo verdadeiro, a opinião de que alguém está sentado, e se este se levantasse e fosse mantida a mesma opinião, estar-se-ia opinando falsamente. E embora alguém pudesse admitir isso, haveria, mesmo assim, uma diferença de modo, pois, no caso das substâncias, a mesma coisa, ao transformar-se, é receptiva de contrários. E transforma-se assim: de quente passa a fria (portanto, há aqui alteração), de branca passa a negra, e de má a boa. E o mesmo sucede a todas as outras substâncias: cada uma delas, ao mudar, é receptiva de contrários. Entretanto, a proposição e a opinião permanecem totalmente imutáveis em todos os casos, enquanto, mudando-se o fato, surge o contrário a respeito delas, pois a proposição — alguém está sentado — é a mesma. Tendo-se mudado o fato, ora se torna falsa, ora verdadeira. O mesmo sucede à opinião. Por conseguinte, será próprio da substância, segundo o modo, o fato de ela ser receptiva de contrários, por sua própria mudança. E se alguém admitir também isto, que a opinião e a proposição são receptivas de contrários, isso não será verdadeiro. Com efeito, a proposição e a opinião são ditas receptivas de contrários, não pelo fato de os receberem, mas pelo fato de a modificação ter sucedido a outra coisa. Então, porque o fato existe ou não existe, por isso a proposição é dita falsa ou verdadeira, não porque ela própria seja receptiva de contrários. Assim, em nada e por nada, absolutamente, nem a proposição nem a opinião se modificam; por conseguinte, porque nada nelas acontece, não seriam receptivas de contrários. A substância, porém, pelo fato de receber os contrários, é dita, por isso, receptiva de contrários. Com efeito, recebe a doença e a saúde, a brancura e a negrura, e cada uma de tais coisas recebendo, diz-se ser ela receptiva de contrários. Por conseguinte, próprio da substância seria o ser receptivo de contrários, sendo a mesma e uma numericamente. A respeito da substância, todas essas coisas estejam ditas.

## VI

4b20 — Do que é quantidade, há a discreta e há a contínua. E esta é constituída de partes que têm entre si uma posição — umas tendendo às outras; e aquela de partes que não têm tal posição. É discreta, por exemplo, o número e o discurso; e é contínua a linha, a superfície, o corpo, e, ao lado dessas, o tempo e o espaço. Com efeito, nenhuma das partes do número é limite comum, para o qual as partes dele convergissem. Por exemplo, o cinco, se é parte de dez, cinco e cinco não convergem para nenhum limite comum, mas estão separados, e também o três e o sete não convergem para nenhum limite comum, nem, de modo geral, no caso do número, o limite comum das partes, uma vez que estão sempre separadas. Por conseguinte, o número pertence às quantidades discretas. E da mesma forma a palavra pertence às quantidades discretas (que a palavra é quantidade, parece evidente, pois é medida por sílabas longas e breves. Refiro-me à própria palavra falada). Com efeito, para nenhum limite comum, as suas partes não podem convergir, pois não há limite comum para o qual as sílabas convirjam, mas cada uma delas está separada por si mesma. A linha, entretanto, é contínua, pois é possível conceber um limite comum para o qual suas partes convirjam: o ponto; e o limite da superfície é a linha. Com efeito, as partes do plano convegem para um limite comum. Da mesma forma, se poderia conceber limite comum para o corpo, linha ou plano, para o qual as partes do corpo convergem. Também o tempo e o espaço estão entre tais quantidades. Com efeito, para o tempo presente convergem o passado e o futuro. Por sua vez, o espaço também é contínuo, pois as partes de um corpo, que convergem para um limite comum, ocupam um espaço. Portanto, as partes do espaço, que contêm cada uma das partes do corpo, convergem para um limite comum, para o qual também convergem as partes do corpo. Por conseguinte, também o espaço seria uma quantidade contínua, pois suas partes convergem para um limite comum.

5a15 Demais, de um lado, umas quantidades são constituídas de partes que têm uma posição, umas tendendo às outras; de outro, de partes que não têm essa posição. Por exemplo, as partes da linha têm posição, umas tendendo às outras — pois cada uma delas está situada em algum lugar, e poder-se-ia distinguir e indicar onde cada uma delas está situada no plano, e também indicar para qual parte das restantes converge. E, da mesma maneira, as partes da superfície têm uma posição. Com efeito, poder-se-ia igualmente indicar onde cada uma delas está situada no plano, e quais partes convergem umas para as outras. E o mesmo sucede às partes do sólido e do espaço. Quanto ao número, não se poderia ver que suas partes têm posição, umas tendendo às outras, ou que estão situadas em algum lugar, ou quais de suas partes convergem umas para as outras. Isso também é correto para as partes do tempo, pois nenhuma delas permanece, e como aquilo que não permanece poderia ter uma posição? Seria preferível que alguém dissesse haver uma ordem, pelo fato de isto ser anterior, aquilo posterior, em relação ao tempo. E, em relação ao número, sucede o mesmo, pelo fato de o um ser enumerado antes do dois, e o dois, antes do três; e, assim, haveria uma ordem e não se conceberia, absolutamente, uma posição. O mesmo se passa com o discurso, pois nenhuma de suas partes permanece; ao contrário, já dita, não é mais possível apreendê-la, por conseguinte, não haveria posição de suas partes, se é que nenhuma permanece. As quantidades, portanto, estão constituídas, de um lado, por partes que têm posição, uma para as outras; de outro, por partes que não têm posição.

5a38 — No sentido fundamental, somente são ditas quantidades essas coisas que acabam de ser expostas. Todas as outras são ditas quantidades por acidente. Na verdade, é olhando aquelas que denominamos quantidade as outras. Por exemplo, diz-se grande o branco, por ser grande a superfície; e a ação, longa, por ser muito o seu tempo; e diz-se longo o movimento. Por si, cada uma dessas coisas não é dita quantidade; por exemplo, se alguém indica que a ação é uma certa quantidade, define-a pelo tempo, indicando que dura um ano ou algo desse gênero. E define pela superfície que o branco é uma certa quantidade. Dir-se-á, com efeito, caso a superfície seja de um tamanho, que o branco é desse mesmo tamanho. Em consequência, somente as coisas anteriormente expostas são ditas quantidades no sentido próprio e por si, enquanto nenhuma das restantes é, por si mesma, dita quantidade; mas se o for, então será por acidente.

5b11 —Também nada é contrário à quantidade. Com efeito, das determinadas, nenhuma possui contrário; por exemplo, nada é contrário à medida de dois côvados ou à de três côvados, ou à superfície, ou a alguma coisa semelhante. Com efeito, nesse caso, não há contrário, a não ser que alguém dissesse ser o muito contrário ao pouco, e o grande ao pequeno. Em verdade, nenhum desses é quantidade, mas se trata de relativos. Nada, com efeito, se diz grande ou pequeno, por si mesmo, mas em referência a outro; por exemplo, a montanha é dita pequena, mas um grão pode ser dito grande, pelo fato de ele ser maior que os congêneres, enquanto aquela é menor que suas congêneres. Portanto, se não houvesse referência a outro, desde que alguma coisa fosse dita grande ou pequena por si mesma, jamais a montanha seria dita pequena, e o grão, grande. Por sua vez, dizemos haver muitos homens na aldeia, enquanto, em Atenas, dizemos existirem poucos, embora sejam aqui muitas vezes mais numerosos que na aldeia, e, em uma casa, dizemos haver muitas pessoas, enquanto, no teatro, poucas, ainda que sejam muito mais. Demais, enquanto a medida de dois côvados e a medida de três côvados, e cada uma dessas coisas significa quantidade, o grande e o pequeno não significam isso, mas antes uma relação. Uma coisa é considerada grande ou pequena, em relação a uma outra. Por conseguinte, é evidente que esses são dos relativos.

5b30 — Demais, quer alguém considere ou não considere quantidades essas coisas, nada é contrário a elas. Com efeito, aquilo que não se capta por si mesmo, mas em referência a uma outra coisa, como poderia algo ser contrário a ele? E ainda, se o grande e o pequeno forem contrários, sucederá que a mesma coisa receberá simultaneamente os contrários e que essas coisas serão contrárias a si mesmas. Com efeito, sucede que o mesmo é simultaneamente grande e pequeno. Assim, uma mesma coisa é, diante disto, pequena; diante daquilo, grande. Por conseguinte, sucede que a mesma coisa é tanto grande quanto pequena, ao mesmo tempo, de modo a receber simultaneamente contrários. Mas nada parece receber simultaneamente contrários. Por exemplo, no caso da substância, ela parece ser receptiva de contrários, mas coisa alguma simultaneamente adoece e tem saúde, nem é simultaneamente branca e negra, nem nenhuma das outras coisas recebe simultaneamente contrários. E assim sucede serem essas coisas contrárias a si mesmas, pois, se o grande fosse contrário ao pequeno, e se uma coisa fosse simultaneamente grande e pequena, ela seria contrária a si mesma. Todavia, uma mesma coisa ser contrária a si mesma pertence às coisas impossíveis. Não é, portanto, o grande contrário ao pequeno, nem o muito ao pouco. Por conseguinte, mesmo se alguém disser que esses não são dos relativos, mas da quantidade, não haverá nenhum contrário.

6a11— E, sobretudo, a contrariedade da quantidade parece subsistir em referência ao espaço: com efeito, põem o acima como contrário ao abaixo, dizendo baixa a terra próxima ao centro, pelo fato de ser máxima a distância do centro às balizas do cosmo. Parecem também tirar disso a definição de outros contrários. De fato, as coisas mais distantes umas das outras, das que estão no mesmo gênero, são definidas como contrárias.

6a19 — A quantidade parece não receber o mais e o menos. Por exemplo, a medida de dois côvados. Com efeito, uma medida de dois côvados não é mais que outra medida de dois côvados. E o mesmo sucede ao número; assim, três em nada é dito ser mais três do que cinco é dito ser mais que cinco, nem um três se diz mais que outro três. Nem o tempo é dito mais tempo que outro, nem, de todo modo, a respeito de nenhuma das coisas ditas, se diz o mais e o menos. A quantidade, portanto, não recebe o mais e o menos.

6a26 — Mas, sobretudo, próprio da quantidade é ser dita igual ou desigual. Com efeito, cada uma das quantidades já mencionadas se diz igual ou desigual. Por exemplo, um corpo diz-se tanto igual quanto desigual; também um número se diz tanto igual quanto desigual, e, do mesmo modo, o tempo é dito tanto igual quanto desigual. E, da mesma forma, em relação às coisas já mencionadas, cada uma delas se diz ora igual, ora desigual. Quanto às coisas restantes que não são quantidades, não conviria, de nenhum modo, serem ditas iguais ou desiguais. Por exemplo, a disposição não é, certamente, dita igual ou desigual, mas mais semelhante; também o branco não é dito igual ou desigual, mas semelhante. Por conseguinte, seria mais próprio da quantidade ser dita igual ou desigual.

## VII

6a36 — Dizem-se relativas todas as coisas tais quantas são ditas serem exatamente de outras, ou, de alguma outra forma, em relação a outra. Por exemplo, o maior se diz exatamente isso que é, do que outro — pois é dito maior do que alguma coisa. Também o dobro é dito exatamente isso que é, de outra coisa — de alguma coisa, pois, é dito dobro. E o mesmo sucede a todas as outras coisas semelhantes. Também são dos relativos as coisas tais como: hábito, disposição, sensação, conhecimento, posição. Com efeito, quanto a todas essas coisas agora ditas, dizem-se isto que são de outras e não algo distinto. Assim, o hábito é dito hábito de alguma coisa; e o conhecimento, conhecimento de alguma coisa; e a posição, posição de alguma coisa; e, da mesma forma, quanto ao restante. Relativas, portanto, são todas as coisas tais quantas são ditas serem exatamente de outras, ou, de alguma forma, em relação a outras. Por exemplo, uma montanha se diz grande em relação a outra coisa — com efeito, em relação a certa montanha, diz-se grande esta montanha. E o semelhante é dito semelhante a alguma coisa. E, da mesma forma, as coisas desse gênero são ditas relativas.

6b11 — E são algumas posições — a inclinação, a posição de pé, a posição de assento — e a posição é dos relativos; entretanto, o estar inclinado, o estar em pé, o estar em assento não são eles mesmos posições, mas são ditos paronimamente das posições já mencionadas.

6b15 — A contrariedade também está nos relativos; por exemplo, a virtude é contrária ao vício, sendo cada um desses relativo. E o conhecimento é contrário à ignorância. Não é para todos os relativos, entretanto, que há contrário. Com efeito, nada é contrário ao dobro, nem ao triplo, nem a nada desse tipo.

6b19 — Parece que os relativos admitem o mais e o menos. Com efeito, o semelhante é dito mais ou menos, também o desigual se diz mais ou menos, sendo cada um desses relativo. Assim, diz-se o que é semelhante semelhante a alguma coisa; e o que é desigual desigual em relação a alguma coisa. Entretanto, nem todos os relativos admitem o mais e o menos. Com efeito, o dobro não se diz mais ou menos dobro, nem nenhuma das coisas tais.

6b28 — Todos os relativos são ditos em relação a correlativos. Por exemplo, o escravo é dito escravo do senhor e o senhor é dito senhor do escravo; e o dobro é dito dobro da metade; e a metade, metade do dobro; e o maior é dito maior do que o menor; e o menor, menor do que o maior. E o mesmo sucede a todos os relativos restantes. Mas, em alguns casos, diferirão verbalmente pela desinência; por exemplo, o conhecimento é dito conhecimento do conhecível, e o conhecível é dito conhecível pelo conhecimento, e a sensação é dita sensação do sensível, e o sensível, sensível pela sensação.

6b36 — Todavia, em alguns casos, não parecerá haver correlação, se não se aplicar, de forma apropriada, aquilo em relação a que algo se diz, mas se falhar aquele que o aplica. Por exemplo, se asa for aplicada a pássaro, pássaro não será correlativo de asa, pois o primeiro não está aplicado, de modo apropriado: asa, a passaro. Com efeito, não é dele enquanto pássaro que a asa é dita; mas pelo que é alado, pois existem também asas de muitos outros, que não são de pássaros. Por conseguinte, se se aplicar apropriadamente o relativo, haverá correlação; por exemplo, a asa é asa do alado, e o alado é, pela asa, alado.

7a5 — Em alguns casos, é, talvez, necessário criar nomes, se não houver nome estabelecido, em relação ao que se poderia aplicar apropriadamente o relativo. Por exemplo, o leme, se é à embarcação aplicado, a aplicação não é apropriada. Com efeito, não é dela enquanto embarcação que, pela aplicação, o leme é dito, pois existem embarcações em que não existem lemes. Por isso não se correlacionam. Com efeito, a embarcação não é de leme que se diz embarcação. Mas talvez houvesse aplicação mais apropriada, se fosse feita assim: leme se diz leme do lemável, ou de alguma outra maneira qualquer. Com efeito, o nome não está posto, mas correlaciona exatamente, se for aplicado, de maneira apropriada. Com efeito, o lemável é, pelo leme, lemável. E, da mesma forma, quanto a outros, por exemplo, a cabeça seria aplicada, de forma mais apropriada, àquilo que pode ter cabeça, do que a animal. Com efeito, não é enquanto animal que este tem cabeça, pois muitos dos animais não têm cabeça. E, assim, alguém apreenderia talvez mais facilmente aqueles, para os quais os nomes não estão postos, se dos primeiros fossem estabelecidos também os nomes daqueles que lhes são correlativos, como nos casos anteriormente mencionados, de asa, alado, e, de leme, lemável.

7a22 — Todos os relativos, portanto, se, de modo apropriado, forem aplicados, dizem-se em relação a correlativos; porém, se são aplicados ao acaso e não àquilo que se diz de modo próprio, não se correlacionam. Digo que, das coisas que são unanimemente ditas em relação a correlativos e dos nomes que já estão postos, nada correlaciona, se for aplicado em relação a alguma das coisas acidentais e não em relação àquilo mesmo que se diz. Por exemplo, o escravo, se não for aplicado como escravo de senhor, mas de homem, ou dípode, ou de algum desse tipo, não correlaciona. Com efeito, a aplicação é imprópria.

7a31 — Demais, se estiver apropriadamente aplicado aquilo em relação ao qual se diz uma coisa, eliminado tudo quanto seja acidental, restando aquilo em relação ao que se fez a aplicação apropriadamente, sempre em relação a ele a coisa será dita. Por exemplo, se o escravo em relação ao senhor se diz, quando estão eliminadas todas as coisas quantas sejam acidentais ao senhor, como o fato de ser dípode, o de ser receptivo de conhecimento, o de ser homem, quando resta somente o ser senhor, sempre o escravo será dito em relação a isso mesmo; com efeito, o escravo se diz escravo do senhor. Se, porém, não é aplicado apropriadamente aquilo em relação a que uma coisa é dita, quando são eliminadas as coisas restantes e resta somente aquilo em relação a que a coisa é aplicada, ela não será dita em relação a isso. Seja, pois, aplicado o escravo a homem, e a asa a pássaro, e seja excluído de homem o ser ele senhor; com efeito, não mais então o escravo será dito em relação ao homem, pois, não existindo o senhor, também não existe escravo. E, também, da mesma forma, seja excluído do pássaro o ser alado. Com efeito, não mais estará asa entre os relativos, pois, não existindo alado, também não existirá asa de alguma coisa. Por conseguinte, é necessário fazer a aplicação, de modo apropriado, àquilo em relação ao que então se diz; e sempre que há nome posto, a aplicação mais fácil se torna, não havendo, talvez seja necessário cunhar o nome. E, assim, quando aplicados, é evidente que todos os relativos se dizem em relação a correlativos.

7b15 — E parecem os relativos existir simultaneamente por natureza. Isso é verdadeiro, na maior parte dos casos. Com efeito, o dobro e a metade existem simultaneamente, e, existindo a metade, existe o dobro, e, existindo o escravo, existe o senhor. E, de modo semelhante a esses, sucedem outros casos. E essas coisas eliminam-se reciprocamente. Logo, não existindo o dobro, não existe a metade, e, não existindo a metade, não existe o dobro. E o mesmo sucede a outras coisas desse tipo. Mas não parece verdadeiro, para todos os relativos, existirem simultaneamente por natureza. De fato, o conhecível pode parecer anterior ao conhecimento. Assim, na maior parte dos casos, preexistindo os fatos, apreendemos os conhecimentos. Em poucos casos ou, talvez, em nenhum, alguém veria o conhecimento surgindo simultaneamente ao conhecível. Demais, tendo sido eliminado o conhecível, ele elimina consigo o conhecimento, mas o conhecimento não elimina consigo o conhecível. Assim, não existindo o conhecível, não existe o conhecimento — pois não existirá conhecimento de nada —, contudo, não existindo o conhecimento, nada impede que o conhecível exista. Por exemplo, também a quadratura do círculo, se é conhecível, ainda não existe o conhecimento dela, mas existe o próprio conhecível. Demais, tendo sido eliminado o animal, não existe o conhecimento, mas se admite existirem muitas das coisas conhecíveis. Semelhantemente a essas coisas também as que são a respeito da sensação, pois o sensível parece ser anterior à sensação. Com efeito, tendo sido eliminado o sensível, ele coelimina a sensação, mas a sensação não coelimina o sensível. As sensações, com efeito, estão em torno do corpo e no corpo; e, tendo sido eliminado o sensível, também se elimina o corpo — pois o corpo é também das coisas sensíveis; não existindo o corpo, elimina-se também a sensação. Por conseguinte, o sensível coelimina a sensação. E, todavia, a sensação não coelimina o sensível. Com efeito, tendo sido eliminado o animal, a sensação é eliminada, mas o sensível existirá, como corpo, calor, doce, amargo e todas as outras coisas quantas são sensíveis. Além disso, a sensação surge simultaneamente ao sensitivo. Simultaneamente, pois, surgem animal e sensação, mas o sensível é anterior à sensação. Assim, o fogo, a água e que tais, a partir de que também o animal se constitui, são absolutamente anteriores ao animal ou à sensação. Por conseguinte, o sensível parece ser anterior à sensação.

8a13 — Existe, conforme parece, a dificuldade: ou nenhuma substância é dita ser dos relativos, ou isso se admite, para algumas das substâncias segundas. Com efeito, para as substâncias primeiras, é verdadeiro, pois nem as inteiras, nem as partes se dizem relativas. Logo, o homem individual não se diz a partir de alguma coisa homem individual; nem o boi individual, a partir de alguma coisa, boi individual. E, da mesma forma, também quanto às partes, pois a mão individual não se diz mão individual, de alguma coisa, mas mão de algum; e a cabeça individual não se diz cabeça individual, de alguma coisa, mas cabeça de algum. De forma semelhante, também a respeito das substâncias segundas, ao menos em sua maior parte: por exemplo, o homem não se diz homem de alguma coisa, nem o boi, boi de alguma coisa, nem a madeira, madeira de alguma coisa, mas se diz propriedade de alguém. A respeito, portanto, das coisas desse tipo, é evidente que não são dos relativos, mas há discussão sobre algumas das substâncias segundas. Por exemplo, a cabeça se diz cabeça de alguma coisa; e a mão se diz mão de alguma coisa, e assim cada uma das coisas desse tipo. Por conseguinte, essas coisas pareceriam ser dos relativos.

8a28 — Se, portanto, está suficientemente aplicada a definição dos relativos, é ou das coisas muito árduas ou das impossíveis o resolver que nenhuma substância dos relativos é dita. E se não está aplicada suficientemente, mas são os relativos aqueles a que o ser é o mesmo que estar, de algum modo, em relação a alguma coisa, talvez se pudesse dizer alguma coisa em relação a eles. E a definição anterior acompanha a todos os relativos; todavia, não é, para eles, o ser relativo exatamente isto: o serem eles próprios ditos aqueles que são, a partir de outros.

8a35 — E, a partir disso, é claro que se alguém pode conhecer de maneira definida algum dos relativos, conhecerá, de uma maneira definida, aquele em relação ao que se diz. Portanto, a partir do mesmo é evidente também o seguinte: se alguém conhece algum isto que é dos relativos, e o ser relativo a estes é o mesmo que estar, de alguma maneira, em relação a alguma coisa, conhece aquilo em relação a que isto está, de alguma maneira. Se também não conhece absolutamente aquilo em relação a que isto, de alguma forma, está, não conhecerá se de alguma forma é relativo. E nos casos particulares, tal fato é evidente. Por exemplo, se conhece, de uma maneira definida, algum isto que é dobro, também conhece, de uma maneira definida, imediatamente, do que é dobro. Com efeito, se não conhece, de nenhuma das coisas determinadas, o que é o próprio dobro, também não conhece, absolutamente, se é dobro. E, do mesmo modo, se conhece algum isto que é mais belo, é necessário, por isso, que também conheça, de modo definido, aquilo de que é mais belo (e não conhecerá, de maneira indefinida, que isto é mais belo do que uma coisa inferior. Algo desse tipo, com efeito, vem a ser juízo precário, não conhecimento, pois ainda não se conhecerá, de modo exato, o que é mais belo do que uma coisa inferior. Com efeito, podia suceder assim, se não há nenhuma coisa pior do que ele mesmo). Por conseguinte, é evidente que é necessário, sempre que alguém conheça, de maneira definida, aquilo que é dos relativos, também conhecer isso que se diz em relação àquilo, de maneira definida. Quanto à cabeça, à mão e a cada uma de tais coisas, que são substâncias, é possível conhecer, de maneira definida, exatamente aquilo mesmo que é, mas não é necessário conhecer em relação a que se diz. Aquilo de que, pois, é a cabeça mesma, ou aquilo de que é a mão, não é necessário conhecer, de maneira definida. Por conseguinte, não pertenceriam essas coisas aos relativos. E, se não pertencem aos relativos, seria verdadeiro dizer que nenhuma substância pertence aos relativos.

A respeito de tais questões, é difícil, provavelmente, trazer, de modo rigoroso, esclarecimentos, não tendo procedido a vários exames; entretanto, o fato de ter acabado de passar por cada uma delas não é inútil.

## VIII

8b25 — Digo qualidade aquilo segundo o que alguns são, de alguma maneira, qualificados. E é a qualidade daquelas coisas que são ditas de muitas maneiras.

8b26 — Uma espécie de qualidade sejam ditos o hábito e a disposição. O hábito difere da disposição pelo fato de ser mais durável e mais estável. Tais são os conhecimentos e a virtude, pois o conhecimento parece ser do que é constante e de difícil remoção, mesmo se alguém apreende moderadamente um conhecimento, se não acontece uma grande mudança por doença ou por alguma coisa desse gênero. Da mesma forma, a virtude. Por exemplo, o sentido de justiça, a ponderação e cada qualidade desse tipo não parece ser bem móvel, nem bem mutável. Disposições são ditas as que são bem móveis e que se mudam rapidamente; por exemplo, o aquecimento e o resfriamento, a doença e a saúde, e todas as qualidades desse tipo. De fato, o homem, de alguma forma, está disposto, segundo elas; rapidamente se modifica, de quente passando a frio; e do estar saudável ao estar doente. E do mesmo modo quanto a outras, salvo se acontecesse de uma dessas disposições, por um longo tempo, já ter sido incorporada à natureza, sendo incurável e de difícil remoção. Então, alguém já poderia denominá-la hábito. É evidente que se queira chamar de hábito essas coisas que são mais duráveis e mais difíceis de mudar. Quanto àqueles, pois, que não retêm, de modo total, os conhecimentos, sendo esses bem móveis, não se diz terem hábito. Em verdade, estão, de alguma maneira, dispostos, segundo um conhecimento, seja pior, seja melhor. Por conseguinte, o hábito difere da disposição por ser esta bem móvel e aquele mais durável e mais difícil de mover.

9a10 — Os hábitos são também disposições, mas as disposições não são necessariamente hábitos, pois os que têm hábitos também, de alguma forma, estão dispostos segundo elas; enquanto os que estão dispostos não têm, em todos os casos, hábitos.

9a14 — Há outro gênero de qualidade que é aquele, segundo o que falamos de pugilistas ou de corredores, de doentes ou de saudáveis, e, em resumo, de todos os que são ditos, segundo uma capacidade natural ou uma incapacidade. Com efeito, cada um deles é dito, não por estar disposto de alguma forma, mas pelo fato de ter a capacidade natural de fazer alguma coisa facilmente ou nada sofrer. Por exemplo, alguns são ditos pugilistas ou corredores, não por estarem dispostos, de alguma forma, mas por terem a capacidade natural de fazer uma certa coisa facilmente. E os saudáveis são assim ditos por terem a capacidade natural de não sofrerem nada facilmente, sob o efeito das mudanças acontecidas por acaso. E os doentes por terem uma incapacidade de nada sofrer. E, semelhantemente a estes, temos o mole e o duro. Com efeito, o que é duro se diz por ter a capacidade de não se dividir facilmente; enquanto o que é mole, por ter a incapacidade disso mesmo.

9a28 — Como terceiro gênero de qualidade, as qualidades afetivas e as afecções. Por exemplo, são de tal gênero a doçura e a amargura, a acidez e todas as coisas congêneres; e ainda, a quentura e a friúra, a brancura e a negrura. Que elas são qualidades, é evidente, pois as coisas que as receberam são ditas, segundo elas, dessa ou daquela qualidade. Por exemplo, o mel, pelo fato de possuir a doçura, é dito doce; e o corpo, pelo fato de possuir a brancura, é dito branco. E, da mesma forma, em relação a outras. E afetivas são ditas as qualidades, não pelo fato de as coisas mesmas que receberam as qualidades terem sofrido algo. Com efeito, nem o mel é dito doce por ter sofrido algo, nem nenhuma das outras coisas desse tipo. E, semelhantemente a esses, tanto a quentura quanto a friúra são ditas qualidades afetivas, não pelo fato de as próprias coisas que as receberam terem sido afetadas em algo; mas é pelo fato de cada uma das qualidades mencionadas, segundo as sensações, ser factiva de afecção que são ditas qualidades afetivas. Com efeito, a doçura engendra uma afecção segundo o paladar, e a quentura, segundo o tato, e, de modo semelhante, o restante.

9b9 — A brancura, a negrura e as outras cores não são ditas qualidades efetivas, da mesma maneira das já referidas, mas pelo fato de elas próprias surgirem a partir da afecção. Portanto, é evidente que muitas mudanças de cores surgem por meio de afecção. Com efeito, alguém, envergonhando-se, torna-se vermelho; e, tendo-se amedrontado, pálido, e assim por diante. Por conseguinte, se tiver naturalmente sofrido alguma de tais afecções, terá, provavelmente, a cor correspondente. Com efeito, aquela disposição das coisas em torno do corpo que acontecia no momento do envergonhar-se também pode surgir segundo a constituição natural. Por conseguinte, a mesma cor se produz também por natureza.

9b19 — Com efeito, todos aqueles estados do mesmo gênero, identificada a sua origem a partir de afecções estáveis e parônimas, são ditos qualidades. Com efeito, se na constituição segundo a natureza, palidez ou negrura já tiveram sua origem, dizem-se qualidades. Com efeito, é segundo elas que somos ditos desta ou daquela qualidade. Pois, se, através de uma longa doença ou adustão, aconteceu a palidez ou a negrura, e se não cessam facilmente, ou se persistem durante a vida, também elas próprias serão ditas qualidades. Com efeito, semelhantemente, somos ditos, segundo elas, desta ou daquela qualidade. Mas todas as coisas que surgem, a partir de coisas facilmente destrutíveis e que cessam rapidamente, são ditas afecções. Logo, alguns não são ditos de alguma qualidade, segundo elas, pois nem aquele que ruboriza, por envergonhar-se, diz-se ter a pele vermelha, nem aquele que empalidece por sentir medo, diz-se ter a pele pálida; mas antes que acabaram de experimentar alguma afecção. Por conseguinte, esses estados são ditos afecções e não qualidades.

9b33 — E, de modo semelhante a estes, são ditas tanto as qualidades afetivas, segundo a alma, quanto as afecções. Com efeito, todas as coisas que, na origem, a partir de algumas afecções já imediatamente vieram a existir, qualidades são ditas. Por exemplo, a presença persistente da loucura, a irascibilidade e coisas semelhantes. Com efeito, as pessoas são ditas, segundo elas, dessa ou daquela qualidade, coléricos e também loucos. E, de modo similar, todos os desvios persistentes não naturais, mas que, a partir de outras circunstâncias, passaram a permanentes e totalmente imóveis, também esses se dizem qualidades, pois, segundo eles, as pessoas são ditas de alguma qualidade. E todas as coisas que se originam, a partir das que cessam rapidamente, dizem-se afecções; por exemplo, se alguém está aflito, é mais colérico. Com efeito, não se diz colérico o que está mais colérico em tal afecção, mas se diz mais que experimentou alguma afecção; por conseguinte, esses estados são ditos afecções, e não qualidades.

10a11 — E o quarto gênero de qualidade é a figura e a forma subsistente em torno de cada um, e, além disso, o alinhamento e a curvatura, ou alguma coisa semelhante a estes. Com efeito, segundo cada um destes, uma coisa é dita desta ou daquela qualidade: com efeito, pelo fato de ser triangular ou quadrangular, uma coisa é dita desta ou daquela qualidade, e também pelo fato de ser reta ou curva. E também cada coisa se diz de alguma qualidade, segundo a forma.

10a16 — O ralo e o denso, o rugoso e o liso poderiam parecer significar qualidade, mas é provável que tais coisas sejam estranhas à distinção a respeito da qualidade, pois cada um deles mais parece tornar evidente uma certa posição das partes. O denso, por exemplo, pelo fato de as partes estarem próximas umas das outras; e o ralo, pelo fato de estarem distanciadas umas das outras; e o liso, pelo fato de estarem as partes dispostas, de alguma maneira, em linha reta; e o rugoso, por uma parte estar saliente e a outra refluir.

10a25 — Mas, talvez, se pudesse evidenciar outros modos de qualidade; entretanto, as principais mencionadas são mais ou menos estas.

10a27 — Qualidades são, portanto, as que acabaram de ser ditas, e coisas qualificadas as que, segundo essas, paronimamente são ditas; ou que, de alguma outra forma, a partir delas são ditas. Na maioria dos casos ou em quase todos, as coisas são ditas paronimamente, como a partir de brancura, o branco, e a partir de gramática, o gramático, e a partir de senso de justiça, o justo. E, de modo similar, em outros casos. Em alguns, porém, por não estarem postos os nomes da qualidade, não é possível que, a partir delas, certas coisas sejam ditas paronimamente, por exemplo, o corredor ou o pugilista, os que se dizem, segundo uma capacidade natural, não se dizem paronimamente, a partir de nenhuma capacidade natural. Com efeito, não estão postos os nomes para as capacidades, segundo as quais, esses são ditos desta ou daquela qualidade, como para os conhecimentos, segundo os quais, pugilistas ou lutadores são ditos os homens segundo a disposição. Com efeito, o conhecimento é dito pugilístico ou relativo à luta; são ditos dessa ou daquela qualidade, paronimamente, os que estão dispostos, a partir disso. Em alguns casos, porém, embora esteja posto o nome, o que se diz, segundo uma qualidade, não é, paronimamente, qualificado dessa ou daquela maneira. Por exemplo, a partir da virtude, o que é honesto. Com efeito, pelo fato de possuir a virtude, é dito honesto, mas não paronimamente a partir da virtude. Na maior parte dos casos, porém, isso não ocorre. Em verdade, as coisas são ditas desta ou daquela qualidade paronimamente, a partir das qualidades já referidas, ou, a partir delas, mas de alguma outra maneira.

10b12 — Há contrariedade, segundo essa ou aquela qualidade. Por exemplo, o senso de justiça é contrário à injustiça, e a brancura à negrura; e, quanto às outras qualidades, da mesma forma. E, segundo elas, as coisas são ditas dessa ou daquela qualidade, por exemplo, o injusto é contrário ao justo; e o branco ao negro. Mas isso não acontece em todos os casos. Com efeito, ao vermelho e ao amarelo, ou a cores desse tipo, ainda que sejam qualidades, nada lhes é contrário.

10b17 — Acresce que, se um dos contrários for uma qualidade, o outro também será. Isso se torna evidente ao que manipula outras categorias. Por exemplo, se o senso de justiça é contrário à injustiça, e qualidade é o senso de justiça, então é qualidade a injustiça. Nenhuma, pois, das outras categorias se aplica à injustiça. Nem a quantidade, nem a relação, nem o lugar, nem, de modo geral, alguma das outras, senão a qualidade. E, da mesma forma, nos outros contrários segundo a qualidade.

10b26 — As qualidades admitem tanto o mais quanto o menos. Com efeito, uma coisa branca é dita mais ou menos branca que outra, e alguém é dito mais justo que outro. E uma mesma coisa experimenta um acréscimo, pois uma coisa, sendo branca, pode tornar-se ainda mais branca. Isso não ocorre em todos os casos, mas na maioria. Com efeito, se se dissesse que um senso de justiça é mais que outro senso de justiça, haveria uma dificuldade. E, de modo semelhante, as coisas se passam no caso de outras disposições. Alguns, com efeito, discutem a respeito delas. Afirmam, absolutamente, que o senso de justiça não se diz mais ou menos que outro senso de justiça, e que uma saúde não se diz mais ou menos que outra saúde. Em verdade, afirmam que alguém tem menos saúde que outra pessoa, que tem menos senso de justiça que outra, e, da mesma forma, quanto à gramática e às outras disposições. Pelo menos as coisas que são ditas segundo elas admitem indiscutivelmente o mais e o menos. Com efeito, diz-se que uma pessoa é mais gramatical que outra, ou mais justa ou mais sã, e o mesmo sucede a outras disposições.

11a5 — O triângulo e o quadrado não parecem admitir o mais, nem nenhuma das outras figuras. As que admitem o enunciado do triângulo e o enunciado de círculo são, de modo absolutamente igual, triângulos ou círculos. Quanto às coisas que não admitem, nenhuma será dita mais que outra. Com efeito, em nada o quadrado é mais círculo do que um retângulo, pois nem um, nem outro admitem o enunciado de círculo. E, de modo absoluto, se ambos não admitem o enunciado proposto, um não será dito mais do que outro. Em verdade, não são todas as qualidades que admitem o mais e o menos.

11a15 — Das coisas acima mencionadas, nenhuma é própria da qualidade; entretanto, as coisas são ditas semelhantes e dessemelhantes apenas segundo as qualidades. Com efeito, uma coisa não é semelhante a outra, por nenhuma outra categoria senão por aquela por que ela é qualificada.

Por conseguinte, seria próprio da qualidade o ser dito semelhante ou dessemelhante, segundo ela.

11a20 — Não é necessário que nos perturbemos, se, tendo feito uma proposição sobre a qualidade, alguém dissesse que enumeramos muitos dos relativos. Com efeito, os hábitos e as disposições pertencem aos relativos. De fato, quase em todos eles, os gêneros são ditos relativos; mas nenhum dos particulares o é. Com efeito, o conhecimento, sendo gênero, ele próprio é dito de uma coisa — pois é conhecimento de alguma coisa, mas nenhum dos conhecimentos particulares é, ele próprio, dito de outro. Por exemplo, a gramática não se diz gramática de alguma coisa, nem a música é dita música de alguma coisa, mas, se elas próprias forem ditas relativas, então, será pelo seu gênero. Por exemplo, a gramática é dita conhecimento de alguma coisa, mas não gramática de alguma coisa, e a música conhecimento de alguma coisa, mas não música de alguma coisa. Por conseguinte, os conhecimentos particulares não estão entre os relativos. Somos, entretanto, ditos dessa ou daquela qualidade pelos conhecimentos particulares. E, com efeito, nós os temos. Logo, somos ditos conhecedores por termos conhecimentos particulares. Por conseguinte, os próprios conhecimentos particulares seriam qualidades, segundo os quais, em algum momento, seríamos ditos dessa ou daquela qualidade, mas eles próprios não são dos relativos.

11a37 — Demais, se suceder que uma mesma coisa seja qualidade e relativo, não é nenhum absurdo que ela seja vista como pertencente a ambos os gêneros.

## IX

11b1 — Tanto o fazer quanto o sofrer aceitam a contrariedade, como o mais e o menos. O aquecer é contrário ao resfriar, e o ser aquecido é contrário ao ser resfriado, e o sentir prazer ao penalizar--se; por conseguinte, aceitam a contrariedade. E também o mais e o menos. Com efeito, é possível aquecer mais ou menos, e ser mais ou menos aquecido, e penalizar-se mais ou menos. Portanto, o fazer e o sofrer aceitam o mais e o menos.

[...]

11b10 — E sobre isso, portanto, tantas coisas são ditas. E também está dito sobre o estar-em-uma-posição, no capítulo dos relativos, que é dito paronimamente, a partir das posições. Sobre o restante, isto é, o quando, o onde e o ter, pelo fato de serem evidentes, nada deles se diz, senão todas as coisas já ditas inicialmente, que o ter significa o "estar calçado", "o estar armado", e o onde, por exemplo, no Liceu, e todas as outras coisas quantas são, sobre elas já foram ditas.

11b15 — Já foram ditas coisas suficientes sobre os gêneros então propostos. A respeito dos opostos, porém, ainda cabe dizer de quantos modos costumam opor-se.

## X

11b17 — Diz-se que uma coisa se opõe a outra de quatro modos: ou como os relativos, ou como os contrários, ou como a privação e a posse, ou como a afirmação e a negação. Cada um desses pares tem oposição, para dizer numa palavra, de um lado, como os relativos, por exemplo, o dobro opõe-se à metade; de outro, como os contrários, por exemplo, o mal opõe-se ao bem; de outro, como a privação à posse, por exemplo, cegueira e visão; e, por último, como a afirmação e a negação, por exemplo, "está sentado / não está sentado".

11b24 — Todas as coisas que se opõem como relativos são ditas elas próprias aquelas que são, a partir de opostos, ou, de alguma forma, em relação a eles. Por exemplo, diz-se dobro o mesmo que é dobro da metade. E o conhecimento opõe-se ao conhecível como relativo, e diz-se conhecimento exatamente o mesmo que é conhecimento do conhecível. E o conhecível é dito ele próprio, o que é ele exatamente, em relação ao oposto, ao conhecimento. Com efeito, o conhecível é dito conhecível por alguma coisa, pelo conhecimento.

11b31 — Então, as coisas tais quantas se opõem como relativos são ditas serem as que elas são exatamente, a partir dos opostos, ou, de alguma outra forma, são ditas umas em relação às outras. Quanto às coisas opostas como contrárias, de nenhum modo, elas são ditas as que exatamente são umas em relação às outras; são ditas, porém, contrárias umas às outras. Com efeito, nem o bem se diz bem do mal, mas contrário ao mal, nem o branco branco do negro, mas contrário ao negro. Por conseguinte, essas oposições diferem entre si.

12a1 — Todas aquelas coisas, das contrárias, são de tal gênero que, naquilo em que elas surgem naturalmente, ou, de que elas são predicados, é necessário que um ou outro dos contrários subsista, nada delas é intermediário (das coisas, entre as quais não é necessário que subsista um ou outro dos contrários, existe, de modo absoluto, um intermediário entre elas). Por exemplo, a doença e a saúde surgem naturalmente no corpo do animal, e é necessário que um ou outro dos contrários subsista no corpo do animal, ou a doença ou a saúde. E o ímpar e o par são predicados do número, e é necessário que um ou outro subsista no número, ou o ímpar ou o par. E não há nenhum intermediário entre eles, nem entre a doença e a saúde, nem entre o ímpar e o par. E quando não é necessário que subsista um ou outro dos contrários, há algum intermediário entre eles. Por exemplo, o branco e o negro surgem naturalmente no corpo, mas não é necessário que um ou outro deles subsista no corpo. Com efeito, nem tudo é branco ou negro. E tanto vil quanto sério são atribuídos ao homem e a muitos seres. Não é necessário, entretanto, que um ou outro deles subsista naqueles aos quais eles são atribuídos. Com efeito, nem todos são vis ou sérios. E existe algum intermediário entre eles, por exemplo, entre o branco e o negro, o cinza e o amarelo e tantas outras cores; entre o vil e o sério, há o que nem é vil nem é sério. Em alguns casos, portanto, já estão postos os nomes para os intermediários; por exemplo, entre o branco e o negro, o cinza e o amarelo. Em outros casos, porém, não é fácil aplicar o intermediário ao seu nome, e o intermediário define-se pela negação de cada um dos extremos. Por exemplo, o que nem é bom nem mau, e o que nem é justo nem injusto.

12a26 — Privação e posse são ditas a respeito de uma mesma

coisa, por exemplo, a visão e a cegueira a respeito do olho. E por falar de modo geral, naquilo em que naturalmente surge a posse, a respeito disso se diz cada um deles. Dizemos estar privada cada uma das coisas receptivas de posse, quando esta não estiver presente, de nenhum modo, naquilo em que naturalmente deveria surgir, quando naturalmente deveria estar presente. Assim, chamamos desdentado, não o que não tem dentes, e cego, não o que não tem visão, mas o que não tem, quando naturalmente deveria ter. Com efeito, alguns não têm, desde o nascimento, nem dentes, nem visão; entretanto, não são ditos desdentados ou cegos.

12a35 — Tanto o estar privado quanto o ter posse não são privação e posse. Posse, com efeito, é a visão; privação, a cegueira; mas o ter visão não é visão, nem o ser cego cegueira. Com efeito, uma privação é a cegueira, e o ser cego estar privado, mas não privação. Demais, se fosse a cegueira o mesmo que ser cego, ambos seriam predicados de uma mesma coisa. Mas cego se diz o homem, e, de nenhum modo, o homem é dito cegueira. Parecem também se opor, como a privação e a posse, estes: o estar privado e o ter a posse. Com efeito, o modo de oposição é o mesmo. Da mesma forma, pois, que a cegueira se opõe à visão, o ser cego opõe-se ao ter visão (não é nem afirmação nem negação o que está sob a afirmação e sob a negação. Com efeito, a afirmação é enunciado afirmativo e a negação, enunciado negativo. E diz-se que essas coisas se opõem, umas às outras, como a afirmação à negação. E, com efeito, nesses casos, o modo de oposição é o mesmo. Assim, como quando a afirmação se opõe à negação, por exemplo: alguém está sentado alguém não está sentado, assim também se opõem aqueles que estão sob cada um dos enunciados; por exemplo, o estar sentado ao não estar sentado).

12b16 — Que a privação e a posse não se opõem como relativos, é evidente, pois uma mesma coisa não é dita o que é, de sua oposta. Com efeito, a visão não é visão da cegueira, nem, de nenhuma outra forma, é dita em relação a isso. E, da mesma forma, também a cegueira não seria dita cegueira da visão, mas a cegueira é dita privação da visão, e não se diz cegueira da visão. Demais, todos os relativos são ditos em relação aos seus correlativos; por conseguinte, também a cegueira, se fosse dos relativos, se correlacionaria àquilo em relação a que é dita. Mas não se correlaciona, pois não se diz que a visão é visão da cegueira.

12b26 — É evidente, a partir disso, que nem como contrários se opõem as coisas ditas, segundo a privação e a posse. Com efeito, quanto aos contrários, cujo intermediário é nada, é necessário que um ou outro deles subsista sempre naqueles em que eles surgem naturalmente ou de que são predicados. Com efeito, caso nada fosse deles intermediário, seria necessário que um ou outro subsistisse no sujeito que a eles é receptivo, por exemplo, no caso da doença e da saúde, do ímpar e do par. Quanto àqueles contrários em que há algum intermediário, nunca é necessário em tudo que os possa receber que subsista um dos dois. Com efeito, não é necessário que tudo o que é receptivo de contrários seja branco ou negro, quente ou frio, pois nada impede que subsista algum intermediário desses contrários. Demais, desses dentre os quais houvesse algum intermediário, não seria necessário que um dos dois contrários subsistisse no que a eles é receptivo, a não ser que um deles, por natureza, neles subsista, por exemplo, no fogo o ser quente, e na neve o ser branca. Nesses casos, é necessário que um ou outro contrário subsista, de modo definido, e não aconteça de subsistir qualquer um deles. Com efeito, não se admite que o fogo seja frio e a neve negra. Por conseguinte, não é necessário a todo aquele que é receptivo de contrários que subsista um ou outro deles, mas somente àqueles nos quais por natureza um dos contrários subsiste, e a esses subsiste de maneira definida, e não acontece de subsistir qualquer um deles.

13a3 — No caso da privação e da posse, nenhuma das duas coisas ditas anteriormente é verdadeira, pois nem sempre é necessário que subsista uma ou outra delas no que é receptivo de contrários. Com efeito, quanto ao que naturalmente ainda não tiver visão, não se diz nem que seja cego, nem que tenha visão, por conseguinte, essas coisas não seriam dos contrários que não possuem intermediários, nem dos que possuem intermediários. Na verdade, é necessário que subsista um ou outro deles, em um dado instante, em tudo o que é receptivo de contrários. Com efeito, quando já naturalmente for para ter visão, então se dirá que alguém é cego ou que tem visão, e não um ou outro desses, de forma definida, mas qualquer uma das coisas que aconteceu. E exatamente no caso dos contrários em que há algum intermediário, jamais seria necessário que subsistisse um ou outro deles em todo aquele que é receptivo, mas seria necessário em alguns, nos quais, de forma definida, subsista um dos contrários. Por conseguinte, é evidente que as coisas opostas, segundo a privação e a posse, não se opõem nem de uma nem de outra maneira como as coisas contrárias.

13a17— Demais, sobre as coisas contrárias, é possível que,

subsistindo o que é receptivo a elas, ocorra uma mudança de umas às outras, se não subsiste um dos contrários, por uma certa natureza, como, para o fogo, o ser quente. Com efeito, é possível o saudável tornar-se doente, e o branco tornar-se negro, e o frio quente, e, de sério, é possível tornar-se vil, e, de vil, sério. Assim, o que é vil, produzindo melhores ações e pensamentos, poderia progredir mesmo um pouco, para ser melhor. E uma vez que fizesse um pequeno progresso, é evidente que poderia ou se mudar completamente, ou progredir bastante. Com efeito, o homem sempre se torna mais propenso à virtude, desde que tenha experimentado algum progresso, a partir do começo. Por conseguinte, é provável que haja ainda mais progresso. E isso, acontecendo sempre, remete à posse contrária completamente, se não for impedido precisamente pelo tempo. No caso da privação e da posse, é impossível suceder mudança recíproca, pois, da posse para a privação surge a mudança, mas, da privação para a posse, é impossível. Com efeito, nem se tendo tornado cego, alguém voltaria a ver, nem sendo calvo, tornaria a ser cabeludo, nem sendo desdentado, produziria naturalmente dentes.

13a37 — É evidente que todas as coisas que se opõem como a afirmação e a negação não se opõem, segundo algumas das maneiras já referidas. Com efeito, somente no caso dessas, é necessário que sempre haja, de um lado, o verdadeiro, e, de outro, o falso. Assim, não é sempre necessário, no caso dos contrários, que um dos dois seja verdadeiro, e outro, falso, nem no caso dos relativos nem no caso da posse e da privação. Por exemplo, saúde e doença são contrários, e nenhuma das duas é verdadeira ou falsa; e, do mesmo modo também, o dobro e a metade, que, como relativos, se opõem, e nenhum dos dois é verdadeiro ou falso. Também as coisas, segundo a privação e a posse, como a visão e a cegueira, não são verdadeiras ou falsas. De todo modo, nenhuma das coisas ditas sem complexão nem é verdadeira nem é falsa. E todas essas coisas que foram ditas se dizem sem complexão.

13b12 — Entretanto, tal característica pareceria, sobretudo, ocorrer nas coisas ditas contrárias, segundo complexão. Com efeito, "Sócrates está são" é contrário a "Sócrates está doente", mas, nesses casos, não é necessário sempre que uma das duas coisas seja verdadeira, e que a outra seja falsa. Com efeito, Sócrates existindo, haverá, de um lado, o verdadeiro; de outro, o falso. E não existindo, ambos os discursos seriam falsos. Com efeito, nem "Sócrates está doente", nem "Sócrates está são" é verdadeiro, se Sócrates não existir.

No caso da privação e da posse, não existindo, nenhum dos dois é verdadeiro, mas, se existir, nem sempre um dos dois será verdadeiro. "Sócrates tem a visão" e "Sócrates é cego" opõem-se como privação e posse, e mesmo se ele existe, não é necessário que um dos dois seja verdadeiro e o outro falso. Com efeito, quando naturalmente Sócrates ainda não tiver visão, ambos os discursos são falsos, tanto "Sócrates tem a visão" quanto "Sócrates é cego". Mas, no caso da afirmação e da negação sempre, se ele existe ou não existe, um dos discursos será falso e o outro será verdadeiro. Assim [considerando os discursos], "Sócrates é doente" e "Sócrates não é doente", se ele existe, é evidente que um deles é verdadeiro ou falso; e, se não existe, de modo semelhante. Com efeito, "Sócrates é doente", quando ele não existe, é falso; e "Sócrates não é doente" é verdadeiro. Por conseguinte, o sempre ser um ou outro dos discursos verdadeiro ou falso seria próprio somente dos quantos que se opoem como afirmação e negação.

## XI

13b36 — O mal é, necessariamente, contrário ao bem. Isso é evidente pela recondução através dos casos particulares, por exemplo, à saúde é contrária a doença; e ao senso de justiça, a injustiça; e à coragem, a covardia; e, de modo semelhante, em outros casos. E ao que é mau tanto é contrária uma coisa boa quanto uma coisa má. Com efeito, à falta, sendo um mal, é contrário o exagero, sendo este um mal; e, da mesma forma, o meio-termo é contrário a cada um dos dois extremos, sendo um bem. Em poucos casos se poderia ver algo semelhante; todavia, na maioria deles, sempre o que é bom é contrário ao que é mau.

14a6 — Demais, dentre os que são contrários, não é necessário, se um deles existir, que o outro também exista. Com efeito, quando todos forem sãos, haverá saúde; mas doença, não. E, de modo semelhante, quando todas as coisas forem brancas, haverá brancura, mas negrura, não. Acresce que, se "Sócrates é são" é contrário a "Sócrates é doente", não é possível que simultaneamente ambos subsistam no mesmo sujeito. Não seria possível que, quando houvesse um dos contrários, também houvesse o outro. Com efeito, havendo o Sócrates que é são, não pode haver o Sócrates que é doente.

14a15 — É evidente que os contrários surgem naturalmente em torno do mesmo, ou pela espécie ou pelo gênero. Com efeito, a doença e a saúde surgem no corpo animal; a brancura e a negrura, simplesmente, no corpo; o senso de justiça e a injustiça, na alma.

14a19 — E é necessário que todos os contrários estejam no mesmo gênero ou em gêneros contrários, ou sejam eles próprios gêneros. De fato, o branco e o negro estão no mesmo gênero, pois a cor é o gênero deles. O senso de justiça e a injustiça estão em gêneros contrários — daquele, com efeito, o gênero é a virtude; dessa, o vício é o gênero. O bem e o mal não estão em gênero, mas, por acaso, eles próprios são gêneros de algumas coisas.

## XII

14a26 — De quatro modos, uma coisa é dita anterior à outra. De modo primeiro e mais fundamental é segundo o tempo que uma coisa é dita mais velha e mais antiga que outra. Com efeito, é pelo fato de ser mais, em relação ao tempo, que uma coisa é dita mais velha ou mais antiga. Em segundo lugar, o que não é correlativo, segundo a sequência da existência, por exemplo, o um é anterior ao dois. Com efeito, existindo o dois, segue-se imediatamente que o um existe, mas existindo o um, não é necessário que o dois exista. Por conseguinte, a sequência da existência do restante, a partir do um, não admite correlação, e parece ser o anterior tal que a partir dele a sequência da existência não correlaciona. E, em terceiro lugar, o anterior é dito, segundo uma certa ordem, como nas ciências e nos discursos. Com efeito, nas ciências demonstrativas, o anterior e o posterior subsistem na ordem. Logo, os elementos, na ordem, são anteriores às figuras geométricas e, nas gramáticas, os elementos são anteriores às sílabas, e nos discursos, de modo semelhante. Com efeito, o proêmio é anterior à exposição pela ordem. Demais, além das coisas já ditas, o melhor e o mais precioso parecem ser anteriores por natureza. E ainda a maioria costuma dizer que os mais estimados e mais queridos por ela são anteriores. Este é, talvez, o mais alterado dos modos.

14b9 — Os modos de dizer o anterior são esses aí. Pareceria também haver um outro modo de ser do anterior, além dos que já estão ditos. Dos correlativos, segundo a sequência da existência, o que, de alguma forma, é causa da existência do outro poderia, com razão, ser dito anterior por natureza. Que algumas coisas são desse tipo é evidente. Com efeito, o ser homem correlaciona-se, segundo a sequência da existência, com o discurso verdadeiro a respeito dele.

Se, com efeito, existe o homem, é verdadeiro o discurso pelo qual dizemos que existe o homem. E há, exatamente, correlação. Com efeito, se é verdadeiro o discurso pelo qual dizemos que existe o homem, existe o homem. Mas o discurso verdadeiro, de nenhum modo, é causa de o fato existir. Em verdade, é o fato que aparece como causa de o discurso ser verdadeiro. Com efeito, por existir ou não o fato, o discurso é dito verdadeiro ou falso. Por conseguinte, segundo cinco maneiras, uma coisa poderia ser dita anterior a outra.

## XIII

14b24 — E dizem-se simultâneas, de modo simples e mais fundamental, as coisas cuja gênese se dá no mesmo tempo. Com efeito, nenhuma delas é anterior ou posterior. Na verdade, essas coisas são ditas simultâneas, segundo o tempo. Por natureza são simultâneas todas as coisas quantas se correlacionam, pela sequência da existência, e, de nenhum modo, uma é causa de a outra existir, como no caso do dobro e da metade. Com efeito, estes se correlacionam, pois, quando há o dobro, há a metade também; e, quando há a metade, há o dobro. E nenhum dos dois é causa da existência do outro. Também as espécies divididas, opondo-se uma em face da outra, a partir de um mesmo gênero, são ditas simultâneas por natureza. E diz-se que elas se dividem, opondo-se umas em face de outras, segundo uma mesma divisão, como a alada à pedestre e à aquática. Estas, com efeito, são divididas, opondo-se umas em face de outras, a partir de um mesmo gênero. Assim, o animal se divide nessas espécies: a alada, a pedestre e a aquática; e nenhuma delas é anterior ou posterior, mas tais espécies parecem ser por natureza simultâneas. E cada uma delas — a pedestre, a alada e a aquática — poderia ser dividida de novo em espécies. E essas, portanto, serão simultâneas por natureza, todas sendo oriundas de um mesmo gênero, segundo uma mesma divisão. E os gêneros são sempre anteriores às espécies, pois não se correlacionam segundo a sequência da existência. Por exemplo, quando há a espécie aquática, há o animal; mas, quando há o animal, não é necessário haver a aquática. Simultâneas, por natureza, portanto, são ditas todas as coisas que se correlacionam, segundo a sequência da existência; e de nenhum modo uma das duas é causadora da outra; e, as coisas, a partir de um mesmo gênero, sendo divididas, opõem-se umas em face das outras. E, de modo simples, são simultâneas as coisas cuja gênese se dá no mesmo tempo.

# XIV

15a13 — Há seis espécies de movimento: gênese, destruição, aumento, diminuição, alteração e mudança segundo o lugar. Então, é evidente que os diversos movimentos são diferentes entre si, pois a gênese não é destruição, nem o aumento, diminuição ou mudança segundo o lugar, e, da mesma forma, também os outros. No caso da alteração, há uma dificuldade — seria necessário, em algum momento, que o que se altera se alterasse segundo algum dos movimentos restantes. Mas isso não é verdade. Com efeito, segundo quase todas as afecções ou a maioria, sucede a nós de nos alterarmos, quando nenhum dos outros movimentos toma parte. Na verdade, nem é necessário que o que se move aumente segundo a afecção, nem que diminua, e, do mesmo modo, no caso dos outros movimentos. Por conseguinte, a alteração seria diferente dos outros movimentos. Com efeito, se fosse o mesmo, seria necessário que o que se altera imediatamente ou aumentasse ou diminuísse, ou acompanhasse algum dos outros movimentos. Mas não é necessário. E, da mesma forma, seria necessário que o que se aumenta ou que se move, segundo outro movimento, se alterasse. Existem, contudo, algumas coisas que aumentam e não se alteram. Por exemplo, o quadrado, depois de aplicado o gnômon, está aumentado, mas em nada está alterado. E da mesma forma no caso das outras coisas dessa natureza. Por conseguinte, os movimentos seriam distintos entre si.

15b1 — O movimento é, de maneira simples, contrário ao repouso. E, para cada um deles, há um contrário: a corrupcão à gênese; a diminuição ao aumento; e a mudança segundo o lugar parece opor-se, sobretudo, ao repouso segundo o lugar. E, se, então, há mudança para o lugar contrário — é, por exemplo, a mudança de cima para baixo, e a de baixo para cima. Dos movimentos já mencionados, quanto ao que resta, não é fácil indicar, em algum momento, o que é contrário. E nada pareceria ser a ele contrário, se alguém não lhe opusesse o repouso segundo a qualidade ou a mudança em direção à qualidade contrária. Do mesmo modo, também se, no caso da mudança segundo o lugar, alguém a essa opusesse o repouso segundo o lugar ou a mudança em direção ao lugar contrário. Portanto, a alteração é mudança segundo a qualidade. Por conseguinte, ela se opõe ao movimento segundo a qualidade ou ao repouso segundo a qualidade ou à mudança em direção ao contrário da qualidade. Por exemplo, o tornar-se branco é contrário ao tornar-se negro. As coisas alteram-se, com efeito, em direção às qualidades contrárias, com a mudança de qualidade.

## XV

15b17 — O ter é dito segundo muitos modos, pois se diz como posse e disposição, ou como outra qualidade qualquer. Com efeito, dizemos que temos o conhecimento e a virtude; ou como quantidade, por exemplo, é o que acontece ao tamanho que alguém tenha. Diz-se, com efeito, que tem o tamanho de três ou de quatro côvados; ou como as coisas em torno do corpo, por exemplo, ter um manto ou uma túnica; ou como o que está numa parte, por exemplo, o anel na mão; ou como parte — ter mão ou ter pé; ou como em um recipiente, por exemplo, o *medimno* tem trigo e uma jarra de argila tem vinho. Com efeito, diz-se ter a jarra de argila vinho e o *medimno* trigo. Diz-se, então, ter essas coisas como em um recipiente. Ou como propriedade: com efeito, dizemos que temos uma casa e um campo. E dizemos também que temos uma mulher, e uma mulher, um homem. E o modo agora referido parece ser o mais alterado do ter, pois por ter alguém uma mulher, nenhuma outra coisa queremos dizer senão que coabita. Talvez pudessem aparecer outros modos do ter, mas os ditos habitualmente estão, entretanto, quase todos enumerados.

❖

# Comentários

## Comentários ao Capítulo I

1a1 — "Homônimas são ditas as coisas, das quais só o nome é comum; enquanto, segundo o nome, o enunciado da essência é outro."

Optei por enunciado da essência, ao traduzir λόγος τῆς οὐσίας. Resisti, portanto, a uma tendência de traduções e estudos recentes, em que se opta por definição, ao se traduzir λόγος. A outra grande dificuldade da expressão parece-nos, porém, centrar-se na tradução do genitivo. Ackrill, que é, talvez, o mais célebre dos tradutores contemporâneos do texto grego das *Categorias*, traduziu-o por "do ser". Optei por essência convicto de que o ser tem uma extensão muito maior do que a essência, a qual encerra no sistema lógico e ontológico funções mais precisamente definidas. É natural que, no contexto do pensamento aristotélico, a οὐσία, enquanto substância segunda, seja entendida como essência (a esse propósito, ver capítulo V e notas a ele relativas). Quiçá se deva a opção de Ackrill a uma tentativa de fugir do espaço meramente nominal, referindo-se à coisa, pois *being* importa tanto ser quanto existir. Ora, trata-se de cuidado desnecessário, pois o conceito de essência, em Aristóteles, já envolve essas duas dimensões.

Aliás, no livro VI dos *Tópicos* (148a-15-20), Aristóteles diz explicitamente, a propósito da definição, que o conceito não prescinde da essência ou substância segunda (ver comentários ao capítulo III):

"É necessário que se examine se a definição indicada se aplicará também à ideia. Em certos casos, com efeito, essa correspondência não se dá; por exemplo, quando Platão aplica o termo 'mortal à sua definição de animal'. De fato, a ideia, por exemplo, do homem em si, não pode ser mortal". Quer lembrar-nos a crítica do estagirita às posições de seu mestre — ainda que pesemos as dificuldades de uma sentença do tipo "o homem (a espécie) é mortal" em Aristóteles, pois a espécie, de alguma forma, se perpetua, no caso — que a definição platônica não se refere às coisas reais (como ao fato de existirem seres mortais), sendo, portanto, essa a sua fraqueza. Na posição aristotélica, ao contrário, atinge-se o universo conceitual das coisas, evadindo-se da cápsula meramente linguística ou ideal. Assim, não haverá nem o Sócrates-em-si, nem o homem-em-si, que seriam conceitos heteromórficos ao Sócrates concreto ou individual, ou ao homem concreto. Todo conceito, toda ideia e toda definição deverá reunir em seu próprio imo uma descrição dos fatos existentes, concretos, pondo diante de nós, especularmente, o mundo real.

Essa posição esclarece o fato de não ser cristalina, nas referências do filósofo, a distinção entre o campo das coisas existentes e o campo dos termos e elementos da linguagem que pudessem revelar as primeiras, embora haja algumas pistas de ordem gramatical inequívocas; por exemplo, o neutro plural do artigo definido significa, quando sujeito, as coisas.

Apesar disso, pode-se dizer que persiste certa ambiguidade. A sua origem e a sua solução estariam numa relação isomórfica entre as coisas e as entidades que as expressam. Noutras palavras, as mesmas proporções e atributos das coisas se dariam no plano da linguagem, isto é, dos termos e das articulações desses, que expressariam aquelas. Essa é a solução de Porfírio, secundada hodiernamente por Martha e William Kneale em *O desenvolvimento da lógica* (1980, p. 29):

> ὡς γὰρ ἔχειν τὰ πράγματα, οὕτως καὶ αἱ ταῦτα πρώτως δηλοῦσαι λέξεις.
>
> Pois como são as coisas, assim também são essas expressões que primeiro as evidenciam.

Embora tanto homônimas quanto sinônimas se refiram às coisas, importa observar que nas homônimas não há necessariamente relação mais concreta, mas é o próprio nome que parece constituir a relação — "Homônimas são ditas as coisas das quais só o nome é comum;

enquanto, segundo o nome, o enunciado da essência é outro". Por exemplo, "animal" é tanto um homem quanto o retrato de um homem. Na sinonímia, parece suceder o inverso: é a identidade dos sujeitos concretos que a vai constituindo. Assim, tanto um rato quanto um homem são animais e ajudam a plasmar o conceito de animal.

Na *Metafísica*, porém, a homonímia é importante na descrição das articulações causais, sendo valorizada em comparação à posição fixada, no tratado das *Categorias*, onde apenas a sinonímia e a paronímia são importantes, nos desdobramentos do texto. Tal valorização se refere ao uso da homonímia na descrição da origem das coisas, seja pela produção humana, seja pelo engendramento biológico (*Metafísica*, 1034a20-24):

> Δῆλον δ' ἐκ τῶν εἰρημένων καὶ ὅτι τρόπον τινὰ πάντα γίγνεται ἐξ ὁμωνύμου, ὥσπερ τὰ φύσει, ἢ ἐκ μέρους ὁμωνύμου (οἷον ἡ οἰκία ἐκ οἰκίας, ἢ ὑπὸ νοῦ. ἡ γὰρ τέχνη τὸ εἶδος.)
>
> É evidente, a partir do exposto, que, de alguma maneira, as coisas se originam de um homônimo, como as coisas que se originam naturalmente, ou de uma parte homônima. Por exemplo, a casa, a partir de uma casa, a da mente, pois a arte é a espécie[1].

Apesar de Aristóteles apontar como princípio de identificação da homonímia o nome comum, convém dizer que esse não é arbitrário, se se tomam como exemplos passagens das *Categorias* e da *Metafísica*, pois neles, além da presença de um mesmo nome, supõe-se certa semelhança imagética, como entre o homem e o retrato do homem, entre a casa e a ideia de casa. Ora, parece que se não poderia falar em homonímia, no sentido fixado pelo filósofo, no caso de um homem e uma pedra, ainda que chamássemos essa pedra de homem. Ackrill, entretanto, sustenta não ser necessária essa semelhança, uma vez que a palavra ζῷον (animal) poderia, além de seu significado primeiro, significar a representação artística de animal ou de outra coisa.

* * *

---

[1] TRICOT, J. (1977, p. 2).

Ainda nesse primeiro item, caberia uma observação relacionada à expressão τὸ ζῴῳ εἶναι (a essência do animal), que nos parece resolvida por Waitz, citado por Tricot, em *Catégories et De interpretatione* (1977, p. 2), traduzida por quididade, essência da coisa. Afinal, o ser do animal, ao despojar-se da acidentalidade, só poderia caracterizar a essência, a quididade ou algo equivalente. Reservaria, entretanto, a quididade mais para o indivíduo, como algo mais restrito em relação à essência (que seria vinculada à espécie e ao gênero); assim, a quididade τὸ τί ἦν εἶναι seria aquilo que faz Sócrates Sócrates e não Protágoras, enquanto a essência daria a humanidade. A quididade é noção abundante nas páginas da *Metafísica*, ainda que ausente nas *Categorias*.

* * *

Cabe acrescentar que a homonímia e a sinonímia têm lugar destacado, nos *Tópicos*, na teoria da definição. E é a persecução dos processos definitórios que molda a reflexão lógica e até mesmo a metafísica de Aristóteles. Nesse quadro, importa constatar que, no caso das homônimas, a definição correspondente a um mesmo nome deverá ser diferente; ao contrário dos termos sinônimos que, para o nome comum, terão uma mesma definição (a homonímia e a sinonímia, no processo definitório, podem ser vistas no livro VI dos *Tópicos*, 148a-b). Tais conceitos, com efeito, servem para estabelecer o domínio de uma definição, além de facilitar o processo de discriminação semântica, de que Aristóteles parece valer-se para levar a um rigor irrefragável sua linguagem — um deslocamento do grego de sua época, o século IV anterior à nossa era.

1a12 — A paronímia, também componente dos *antepraedicamenta*, é um mecanismo importante, sobretudo, na conversão de proposições constantes do universo categorial aristotélico. Aliás, o mecanismo acima citado já é ativo no capítulo VII das *Categorias*, relativo à qualidade. Desse modo, de brancura, por exemplo, teremos branco. Com efeito, diríamos: "a brancura é em Sócrates"; mas não se diria: "Sócrates é a brancura". A frase tem de ser adaptada, via paronímica, pois o que diz é: "Sócrates é branco". Assim sendo, a paronímia, dentro dos *antepraedicamenta*, aparece como uma das ferramentas que porão em movimento a tábua categorial do estagirita, e, desse modo, também a sua lógica. Não se trata, porém, de mecanismo puramente etimológico, mas de derivação etimológica que mantém grande comércio com a articulação de proposições vinculadas à tábua das categorias. Esse fato relativiza e restringe o alcance do isomorfismo suposto por Porfírio. De que forma? Mostrando-nos que o isomorfismo não é algo que decorre da natureza das expressões gregas, quando postas diante das coisas que elas exprimiriam; mas, mais do que isso, deve-se encontrar ferramentas que engendrem tais possibilidades. Que significado tem esse fato? Mostrar-nos que as categorias e os elementos que a põem em movimento não coincidem completamente com os quadros e lugares postos pela língua grega, pois a assimilação das categorias à estrutura da língua grega é tese não rara na interpretação do pensamento aristotélico[2].

## Comentários ao Capítulo II

1a16 — "Das coisas que são ditas, umas são ditas segundo complexão; outras, sem complexão."

Complexão — (συμπλοκή) — optei por complexão, que traduz o entrelaçamento sugerido por συμπλοκή. Demais, complexão é um misto da própria palavra grega, que sobrevive, de algum modo, no radical latino, com um prefixo latino que traduz o συμ (com).

A introdução da complexão nos *antepraedicamenta* justifica-se, na medida em que Aristóteles, forjando a sua própria linguagem, um deslocamento do grego de sua época, precisa de elementos que articulem a tábua categorial que vem logo em seguida. Ora, sem a complexão não haverá a proposição que reaparece adiante no tratado e que é o que se explora, sobretudo, em *De interpretatione* (16a9-18; 17a17-20). Platão, no *Sofista* (262), já havia advertido que o mero conjunto de palavras (συνέχεια) não produziria o discurso. Não basta, portanto, a συνέχεια, é preciso que haja συμπλοκή.

* * *

É preciso distinguir o vínculo entre o sujeito e o predicado (complexão) do vínculo interno a uma mesma categoria, que não é nomeado por Aristóteles, e que se chama aqui de combinação. Isso

---

[2] Várias são as referências nesse sentido — Trendlenburg (1846), Prantl (1855), Benveniste (1976), Aubenque et al. (1987).

permite tratar, de modo apropriado, do grande problema que vem à baila já nesse segundo capítulo e que existe em relação ao quarto capítulo, onde sucede existirem expressões ditas simples, expressas por mais de um vocábulo. De fato, nesse segundo capítulo das *Categorias*, Aristóteles só menciona expressões simples univocabulares — como boi, homem, vence (é verdade que muitas traduções não cuidam desse pormenor). Quanto a isso, Ackrill, de modo atento, observa que, desde que uma expressão esteja em apenas um item categorial, ela é simples. Por exemplo, "no Liceu" (lugar), consoante o capítulo IV. Nesse quadro, deve-se considerar que duas palavras, desde que envolvessem duas categorias, importariam a presença da complexão. Isso se poderia deduzir do fato de Aristóteles, ao listar coisas sem complexão (1a16-20), só se referir a uma categoria de cada vez — homem, boi, corre —o que torna razoável supor que a presença de duas categorias justapostas, à medida que realiza um significado que vem desse se justapor, supõe a complexão. Acresce, com efeito, o que está no capítulo IV (1b25-2a4), onde, conforme observa Ackrill[3], Aristóteles

> diz que toda expressão sem combinação significa um item em alguma categoria; isto implica que uma expressão como "homem branco" que introduz dois itens de duas categorias é uma expressão que envolve combinação.

Sugiro, pois, que se denomine combinação o vínculo intracategorial de expressões linguisticamente complexas e categorialmente simples como "no Liceu", reservando complexão para o vínculo intracategorial e estendendo sua aplicação ao vínculo intracategorial, cujo segundo termo seja mais universal que o primeiro, de modo a englobar proposições como "Sócrates é homem".

* * *

Nesse trecho, Aristóteles introduz quatro moldes muito importantes na articulação de sua tábua categorial:

---

[3] ACKRILL, J. C., 1962, p. 73.

1) Ser dito de um sujeito, mas não estar em algum sujeito. Por exemplo: homem, na proposição "Sócrates é homem".

2) Estar em um sujeito, mas não ser dito de um sujeito. Por exemplo, brancura, em "Sócrates é branco".

3) Ser dito de um sujeito e estar em algum sujeito. Por exemplo, o conhecimento nas proposições seguintes:

a) "O conhecimento está na alma".

b) "A gramática é conhecimento".

4) Nem ser dito de um sujeito, nem estar em um sujeito. Por exemplo, Sócrates, em "Sócrates é homem".

Esses moldes recortam ativamente a tábua categorial, configurando um perfil de suas regiões, e indicando a posição das categorias nas sentenças.

É realçado, nesse trecho (1a20), o caráter profundamente antiplatônico da exposição de Aristóteles: "Digo estar em sujeito aquilo que está em uma coisa não como sua parte, mas que não pode estar fora daquilo em que está". Com efeito, Aristóteles nega a autonomia, concedida por Platão, a certos entes, como o branco em si. Para o estagirita, o branco só existirá entranhado na concretude de um indivíduo. Rejeitar essa autonomia é rejeitar a noção de participação (μέθεξις), cuja insuficiência será denunciada em várias passagens da *Metafísica*, como em 987b e 1045b15-20[4].

Nesse capítulo II, também vale notar a presença dos procedimentos paronímicos. Por exemplo, diz Aristóteles: "[...] um certo conhecimento gramatical está no sujeito, na alma, não sendo dito de nenhum sujeito". Como nota Jules Vuillemin[5], se a gramática estiver na alma, essa, de alguma forma, será gramatical. Poderia parecer, entretanto, que gramatical fosse dito de alma, tal qual homem é dito de Sócrates. Isso, se não houvesse a intervenção dos mecanismos próprios à paronímia, ou se nos defrontássemos simplesmente com a frase "a alma é gramatical". É, portanto, o procedimento paronímico-analítico que oferece a chave para o problema, elucidando a verdadeira estrutura lógico-ontológica correspondente à frase retromencionada.

[4] 987b-10-15 "[...] os pitagóricos dizem serem os entes por imitação aos números; Platão por participação, modificando o nome. Em verdade, deixaram igualmente de investigar o que seria a participação ou a imitação das espécies".

[5] 1957, p. 51.

Quanto a esse mesmo problema, solucionado pela via paronímica, cabe lembrar que o sujeito, a que Aristóteles se refere, não é o gramatical. Esse fato é mais um golpe na hipótese da coincidência estrita entre a língua e as categorias que o filósofo ofereceu. A propósito, diz Ackrill, em sua nota concernente a esse item:

> Sujeito não significa nem "sujeito gramatical" nem "substância", mas é um mero rótulo para tudo o que tenha alguma coisa dita dele ou nele.

Assim, suponha-se a frase:

> "A alma é gramatical".

Essa oração pode ser convertida, pela via paronímica, em "a gramática está na alma". Gramática é o sujeito gramatical da frase; entretanto, o sujeito lógico, ao qual o filósofo se refere, é a alma.

* * *

Uma das afirmações que dúvidas suscitam, nesse segundo capítulo, é a seguinte: "Outras coisas são ditas de um sujeito e estão em um sujeito" — ou seja:

> A é dito de B.
> A está em C.

E, de fato, esse é o tipo lógico aqui introduzido pelo filósofo, consoante o seu exemplo: "[...] o conhecimento, estando em um sujeito, na alma, é dito de sujeito, da gramática". Ora, a dúvida que fica, pelo que nos sugere a primeira passagem, é a seguinte: haveria ou não um tipo lógico desta natureza:

> A é dito de B.
> A está em B.

Essa é, porém, uma hipótese impossível, pois, nela, essência e acidente seriam colocados em um mesmo plano, a saber, um mesmo atributo seria essência e acidente, em relação a um mesmo sujeito.

* * *

Embora o sujeito lógico não seja necessariamente o sujeito gramatical, no caso da substância primeira, temos uma coincidência — "Outras nem estão em um sujeito, nem são ditas de sujeitos, por exemplo, o homem individual, o cavalo individual". Nesse caso, o lugar que caberá a tais entes será tanto o de sujeito lógico quanto o de sujeito gramatical. Mas essa é uma característica da substância primeira, que só aparece como predicado acidentalmente[6].

Sobre as expressões "o homem individual", "o cavalo individual", é preciso dizer que traduzem "ὁ τὶς ἄνθρωπος", "ὁ τὶς ἵππος". A esse propósito diz Miguel Candel Sanmartín[7]:

> Aristóteles sustantiviza la expresión indefinida tis ánthropos (que no se puede, por ende, verter por "un hombre" sin más); el sentido de esta sustantivación no puede ser otro que el de expresar la concreción o individualidad [...]"

* * *

Ainda com relação a esse capítulo II, uma pergunta que se faz é a seguinte: por que não se falará, analogamente ao que se diz das substâncias, em qualidades primeiras e segundas?[8] Ora, levemos essa pergunta às últimas consequências:

> O branco é cor.
> Qualidade primeira — qualidade segunda.

Não há dúvida de que o predicado ao indicar uma maior generalização em face do sujeito poderia ser chamado de qualidade segunda, no caso. Entretanto, isso poderia induzir certo paralelismo ou analogia com as substâncias, o que seria descabido. Com efeito, embora se pudesse dizer aqui que a cor é dita do sujeito, não se poderia dizer que ela não esteja em algum sujeito, pois, tanto para o branco quanto para a cor, deverá, num ou noutro lugar, existir o substrato substancial.

---

[6] Cálias será predicado, ao se dizer "este que aí está é Cálias ou este branco é Cálias" (*Primeiros analíticos* — 43a35).

[7] 1988, p. 31.

[8] ACKRILL, J. C., p. 76.

De fato, branco jamais poderá fazer as vezes de substância primeira e pôr-se na condição de sujeito lógico-ontológico individualizado. Noutras palavras, não tendo a qualidade individualização ontológica, não existe este branco — mas este corpo branco. A individualização, há pouco mencionada, só é concebível junto à separabilidade, que, por sua vez, só existe para as substâncias, conforme está peremptoriamente estabelecido no discurso léxico-filosófico do livro V da *Metafísica* (1017b23-25):

> [...] συμβαίνει δὴ κατὰ δύο τρόπους τὴν οὐσίαν λέγεσθαι, τό θ' ὑποκείμενον ἔκαστον, ὅ μηκέτι κατ' ἄλλου λέγεται, καὶ ὅ ἂν τόδε τι ὂν καὶ χωριστὸν ᾖ.

> Sucede que a substância, segundo duas maneiras, se diz: o sujeito último, o que não mais se diz de outro; e o que, sendo algum isto, fosse também separável.

Uma frase como "o branco é cor" só poderia aparecer com o branco individualizado, dentro da doutrina de ideias de Platão, que supõe outra forma de organização das categorias, diferentemente da tábua em questão, em que nenhum acidente é substrato de outro acidente. E para que uma qualidade fosse dita de outra, seria necessário um processo de derivação, cuja matriz supõe proposições, envolvendo diretamente substâncias. Por exemplo, tais substâncias são brancas; tais substâncias têm cor. Com efeito, não existe, segundo a tábua categorial, o branco em si, a cor em si, mas substâncias que têm cor, que são brancas. A frase "o branco é cor" é, de fato, resultante de um processo mental que substantiva o branco e essencializa cor, de tal sorte que, nela, internamente, se estabelecem relações lógicas semelhantes às da frase "o homem é animal". (Ver comentários ao capítulo III.) Há, pois, paralelismo entre as proposições que vêm de ser mencionadas, mas não entre os seus termos, considerados analiticamente.

## Comentários ao Capítulo III

Aristóteles afirma, no início desse capítulo, a transitividade da cópula essencial entre substâncias. Nesse quadro, tudo o que se disser da substância, posta como predicado, será dito da substância mais fundamental em relação àquela. Por exemplo:

| (I) Substância primeira | | Substância segunda |
|---|---|---|
| *Sócrates* | *é* | *homem* |

| (II) Substância segunda<br>(Espécie) | | Substância segunda<br>(Gênero) |
|---|---|---|
| *Homem* | *é* | *animal* |

Disso, pode-se dizer que Sócrates é animal. Demais, observa-se que a relação que animal (gênero) estabelece com homem (espécie) tem a mesma natureza da relação entre homem (espécie) e Sócrates (indivíduo). Isso significa que o modo do ser é o mesmo nas duas possibilidades — (I e II). Importa observar que a relação que se estabelece, no caso, não pode ser entendida, nem como inclusão, nem como participação. Assim, Aristóteles permanece distante não só de Platão, como de um moderno, que é Peano:

> [...] a linguagem de Peano não é útil na tradução da lógica de Aristóteles. A cópula dessa lógica não corresponde nem à pertinência, nem à inclusão[9].

Sócrates é homem — asserta-se com tal proposição identidade entre Sócrates e homem, e não inclusão, pertinência, ou participação. A identidade se dá, no exemplo, no nível da espécie (*Tópicos* — 103a-b). Sócrates é, enquanto homem, idêntico a Cálias. Entretanto, não se pode dizer que o indivíduo seja idêntico à espécie, ao menos no sentido absoluto, pois na espécie e no indivíduo se realizam níveis lógico-ontológicos distintos. Para falar nos termos do léxico de que se vale o filósofo, na *Metafísica*, a essência da espécie é diferente da essência própria a Sócrates (quididade, que traduz τὸ τί ἦν εἶναι). A primeira fará Sócrates homem; a segunda tornará Sócrates Sócrates. Desse modo, como indivíduos Sócrates e Cálias não são idênticos; como homens (identidade específica), são idênticos; como animais, Sócrates e Cálias são também idênticos (identidade segundo o gênero). Aliás, na identidade genérica, as balizas da identidade se dilatam

---

[9] In: Vuillemin, J. (1967, p. 56).

tanto que Sócrates é aí idêntico ao porco de Cálias, enquanto são ambos animais. Através de cortes, segundo distintos níveis ontológicos, o filósofo vai precisando a identidade.

Nesse terceiro capítulo, aparece uma noção que é fundamental na construção do edifício conceitual aristotélico: a diferença. Tamanha surpresa, ao se pesarem as suas características, é ver que Aristóteles ajusta-lhe o molde do "ser dito de um sujeito, sem estar em algum sujeito". Afinal, não se trata de uma substância, mas apenas de uma de suas características, sem *status* de categoria. Por que não considerar que a racionalidade está no homem, assim como a sua cor?

Com efeito, a questão não é tranquila. Pode-se, porém, dizer com Ackrill que Aristóteles foi influenciado por alguns fatos, que, sem dúvida, indicam não ser arbitrária a posição da diferença[10]. O principal deles é o seguinte:

> As espécies e os gêneros das substâncias individuais são denominados de substância, porque, "se alguém aplicar 'o que é' em relação ao homem individual, fará a aplicação de modo apropriado, se aplicar a espécie ou o gênero" (2b32). Se nós agora considerarmos a questão "o que é (um) homem?", estaremos fortemente inclinados a mencionar não só o gênero animal, mas também a diferença apropriada.

Como ressalta o filósofo nos livros V e VI dos *Tópicos*, a diferença é sempre um dos momentos da definição. Entretanto, a teoria da definição não se situa longe da teoria da demonstração. É por isso que, nos *Segundos analíticos*, o estagirita cuida tanto de uma quanto de outra. Não é outro o motivo por que Le Blond[11], em sua magnífica tese, afirma:

> Essa questão da definição e de suas relações com a demonstração é central na teoria da ciência e comanda a concepção da natureza.

Suponhamos, em quadro menos geral, a seguinte definição:

O homem é animal racional
(*espécie*) (*gênero*) (*diferença*)

---

[10] Ackrill, J. C., op. cit., p. 86.
[11] Le Blond, J. M. 1973, p. 56.

Temos aqui, portanto, a fórmula geral da definição:

espécie = gênero + diferença

Isso significa que, para exprimir a essência de uma coisa, para dizer o que ela é, é preciso formular uma definição; e essa, por sua natureza, exige a presença da diferença. É evidente que não se trata de qualquer diferença, mas aquela própria a caracterizar a essência. O processo de identificação da diferença tem suas linhas principais expostas nos livros dos *Tópicos* já citados, mas é essencialmente de busca e trabalho criador. Não há um caminho seguro para a definição mais apropriada.

De que forma, nesse quadro, se dá o entroncamento da teoria da definição com a teoria da demonstração? Ora, a definição é uma espécie de ponto final, ainda que se possa fazer a sua ultrapassagem. Desse modo, se digo:

Sócrates é homem,

é a definição de homem que dá o quadro geral do que seja homem; portanto, de alguma maneira, do que seja Sócrates. Ora, só poderei articular um elo silogístico (demonstração por excelência) entre (1) e (2):

(1) Todos os homens são mortais
(2) Sócrates é homem,

se tenho as proposições de antemão. A produção dessas proposições, parece claro, supõe operações com definição. Se sei que homem é animal racional, e se sei que Sócrates é animal racional, poderei produzir uma das preliminares do processo demonstrativo: Sócrates é homem. É a definição da coisa (homem) que dá os seus contornos fundamentais, de tal sorte que a coisa seja apreendida, de maneira segura e eficaz, nas operações a ela concernentes.

* * *

Pode-se dizer que o tratado *Categorias* apresenta um conjunto de elementos que, quando articulados, possibilitam a construção de definições. Nessa obra, Aristóteles está mais preocupado em colocar as vigas e os andaimes de sua construção que em discuti-la. Aristóteles, simplesmente, põe aqui os elementos primeiros de sua linguagem. Não os justifica, senão pela sua sumária positivação. Nessa perspectiva, deve-se compreender a afirmação de Ackrill[12]:

> Na *Metafísica*, Aristóteles está motivado pelo desejo de resolver o problema da unidade da definição, mas nenhum interesse desse tipo é visível nos *Tópicos* e nas *Categorias*.

Ora, nem caberia tal preocupação, pois estando as *Categorias* no conjunto do *organon*, as questões de que elas cuidam são práticas, isto é, concernem à construção de equipamento semântico e não a noções preliminares a este, do ponto de vista do conhecimento.

Os *Tópicos* cuidariam, portanto, da fabricação desse equipamento, mas neles há também a preocupação de resolver inúmeros problemas do discurso num corte que passa pela lógica, pela retórica e pela teoria da argumentação. Pode-se dizer, sem erro, que a tônica desses livros (das *Categorias*, sobretudo) é mais positivação de uma semântica que exame dialético de seus fundamentos mais remotos.

## Comentários ao Capítulo IV

No capítulo IV, Aristóteles introduz as categorias. Tábua idêntica a essa, isto é, com dez categorias, ele só voltará a mencionar em célebre passagem dos *Tópicos* (103b20-25). Uma vez que, nesse capítulo, só se enumeram tais categorias, seria útil fazer algumas observações sobre a tradução.

### *A substância*

1) A palavra οὐσία é, do ponto de vista da língua, derivada do verbo ser, estar (εἶμι), sendo um nome composto a partir do particípio presente, com a terminação própria dos abstratos. Normalmente se traduz por substância aquilo que subjaz em relação a alguma coisa, segundo a tradução para o latim. É mister falar que, se tal tradução capta muito da função de οὐσία, o termo grego não traz em si mesmo essa marca de centro de aplicações dos atributos. Etimologicamente, οὐσία seria traduzida, de modo mais correto, por essência. Isso, em

---

[12] Ackrill, J. C., op. cit., p. 77.

outro momento, permitirá comércio entre a essência e a espécie (εἶδος), o que explicaria o aparecimento da essência, em várias versões da tábua categorial, exteriores ao tratado *Categorias*. Afinal, a pergunta "o que é Sócrates?" é uma pergunta essencial e terá como resposta a espécie, pois Sócrates é homem. O termo grego, portanto, é mais próximo de essência do que o equivalente latino *substantia* e, por extensão, do que o equivalente em português, substância. Assim, a essência, enquanto categoria, não significa um grande giro em relação à substância, como pode parecer à primeira vista, numa tradução, pois tanto no τί ἐστιν quanto na οὐσία, estamos lidando com variações do εἶμι.

2) πόσον (Quantidade) e ποιόν (Qualidade). Algumas das categorias são postas a partir de palavras que significam normalmente uma pergunta. Assim, πόσον (em latim *quantum*, e em português quanto ou quantidade). Como observa Ackrill[13]:

> Quantidade: a palavra grega serve tanto como adjetivo interrogativo quanto adjetivo indefinido. Se Aristóteles fizesse uso também de um nome abstrato seria desejável reservar quantidade para isso; entretanto, desde que ele não faz assim nas *Categorias* (e somente uma vez em algum outro lugar) é conveniente usar quantidade para traduzir o adjetivo-interrogativo grego.

3) Ποῖον, qualidade (*qualis*, no latim). Jacques Brunschwig traduziu por qualificação, em oposição a ἀρετή, que seria qualidade, na sua monumental tradução dos *Tópicos*. De minha parte, apesar de reconhecer que qualidade pode induzir a um esquecimento da concretude pretendida pelo filósofo, ao sugerir uma abstração que se afasta da realidade, mantenho o vocábulo, ainda como a opção mais adequada. Parece-me que o termo eleito por Brunschwig não ajuda a compreender o texto de Aristóteles, pois mais sugere o ato de aplicar o ποῖον à substância do que ele próprio. Ποῖον, não resta dúvida, significa, tratando-se de pronome adjetivo indefinido, qualificado ou, analiticamente, dessa ou daquela qualidade; tratando-se de interrogativo, significa de que qualidade, qual (ποῖον). Ποιότης, o substantivo, só aparecerá no texto das *Categorias* no capítulo VIII.

---

[13] ACKRILL, J. C., op. cit., p. 77.

4) Relação (πρός). Convém destacar que Aristóteles não nos oferece um substantivo para designar a relação. A expressão formada pela preposição πρός e o pronome indefinido τι significa, literalmente, *em relação a algo*.

5) Onde — Aristóteles usou ποῦ, advérbio pronominal relativo, cujo equivalente em português é *onde*.

6) Quando — a palavra grega que quando traduz é πότε, advérbio pronominal relativo.

7) Estar-em-uma-posição — para designar essa categoria, Aristóteles recorreu ao verbo κεῖσθαι, no infinitivo. Para nós não houve alternativa razoável à tradução perifrástica.

8) Ter — ἔχειν, um verbo no infinito, é a palavra usada pelo filósofo para nomear essa categoria. Desse modo, uma frase do tipo "eu estou calçado", que equivale à frase "eu tenho os pés" calçados, corresponderia perfeitamente ao conteúdo da categoria ter. Sem dúvida, hábito não seria uma solução eficaz, uma vez que aparece posteriormente, em nossa tradução das *Categorias* (9a10), traduzindo ἕξις, que designa um grupo mais permanente de qualidades. Posse também traduzirá ἕξις, no caso de opostos (capítulo X). Quanto a estado, que parece um dos sentidos de ἕξις mais fixados historicamente, pode-se dizer que se trata de alternativa que não convém em português, pois não denota sempre algo exterior ao sujeito; por exemplo, quando digo "ele está doente" ou coisa semelhante.

Observar que calçado na frase "eu estou calçado", embora seja atributo do sujeito gramatical, em português, não é, se se quer guardar alguma proximidade com o texto original, atributo do sujeito lógico. Aliás, a verdadeira manifestação da frase seria "eu tenho o calçado", sendo que é "tenho o calçado" que se atribui ao sujeito lógico-ontológico. Talvez, com recurso a essa categoria, Aristóteles quisesse garantir o fato de a substância não estar em nenhum sujeito. Poder-se-ia argumentar, em sentido contrário, que, como o conhecimento está na alma, Sócrates está em seus sapatos. Ora, responderia Aristóteles, a categoria da posse impõe que Sócrates tenha o sapato e não que ele esteja no sapato enquanto sujeito, ou enquanto subjacente a Sócrates.

Não há dúvida, entretanto, que poderíamos sentir-nos tentados a enfeixar a posse na categoria da qualidade, procedidas, é claro, todas as adaptações que tal assimilação exigisse. Afinal, o estagirita, seja deixando de citar várias categorias em outras de suas obras, seja dando mostras de grande flexibilidade (*la souplesse*, notada por Le Blond), permitiria essas reconstruções econômicas. Parece, entretanto, que a solução de

Ackrill, em que "ter o sapato nos pés" seria uma expressão predicativa que introduziria a posse, é o máximo que se poderia admitir.

9) Fazer.

10) Sofrer.

Fazer — essa categoria é expressa, em grego, por um verbo na voz ativa — ποιεῖν, cujo significado é próximo do equivalente português. Opõe-se a πάσχειν (sofrer), que é, como nota Benveniste[14], verbo de significado passivo, apesar de a terminação de seu infinitivo conformar-se à terminação dos infinitos ativos dos indicativos, na língua grega.

No último parágrafo desse capítulo (2a4-2a11), aborda-se um tema que será explorado nos capítulos X e XI e, sobretudo, em *De interpretatione*. Trata-se do fato de só às sentenças articuladas atribuirmos o falso e o verdadeiro. A importância desse fato reside em sua contribuição à determinação do lugar das categorias. Ele sugere que o livreto, também por essa questão, está atado às demais soluções do ὄργανον. E se se situa o tratado nas lindes da metafísica com a filosofia da linguagem, é em direção à última que, de modo inequívoco, ele pende.

## Comentários ao Capítulo V

O capítulo V do tratado *Categorias* apresenta a οὐσία — substância primeira, noção basilar do pensamento do estagirita. O critério que dá o perígrafo dessa invenção aristotélica é de natureza ontológica — a que não é dita de nenhum sujeito, nem está em algum sujeito.

Esse critério funciona como um recorte que dá conta da natureza do conceito, que é estudada, sobretudo, na *Metafísica*. É nessa obra que, fundamentalmente, se discutem matéria e forma, atualidade e potência, substância e acidente. Quanto a este último par, ainda que não seja discutido no tratado *Categorias* enquanto tal, já está, de certa forma, aí presente, ao se determinarem os tipos de atribuição. Entretanto, o critério em questão é insuficiente para determinar o lugar da substância, no elenco dos conceitos do filósofo. No entanto, essa insuficiência só vai manifestar-se com nitidez em decorrência do esgalhamento da árvore conceitual de Aristóteles, que é posterior à confecção do tratado *Categorias* e que importa assunção de conceitos como os de matéria e forma. A matéria, sendo o indiferente amorfo,

---

[14] Benveniste, E. *Problemas de lingüística geral*. Tradução de Marcia da Glória Novak e Luiza Neri. São Paulo: CEN: Edusp, 1976, p. 73.

seria, nesse contexto, perfeitamente recortada pelo critério ontológico que praticamente é a abertura do capítulo V das *Categorias*. Não é, portanto, por outro motivo que, no livro VII da *Metafísica* (1029a7-10), o próprio pensador se encarregue de denunciar os limites acanhados e insuficientes desse critério:

> Νῦν μὲν οὖν τύπῳ εἴρηται τί ποτ᾽ ἐστὶν ἡ οὐσία, ὅτι τὸ μὴ καθ᾽ ὑποκειμένου ἀλλὰ καθ᾽ οὗ τὰ ἄλλα. δεῖ δὲ μὴ μόνον οὕτως. οὐ γὰρ ἱκανόν. αὐτὸ γὰρ τοῦτο ἄδηλον, καὶ ἔτι ἡ ὕλη οὐσία γίγνεται.

> Agora, portanto, está dito, resumidamente, o que é, então, a substância: o que não (se diz) do sujeito, mas de que todas as outras coisas são ditas. Entretanto, é necessário que não (se proceda) somente assim, pois não é suficiente. Com efeito, mesmo isto é obscuro, e, além disso, a matéria se torna substância.

É o fato de ser separável (χωριστόν) que diferencia a substância da matéria. A substância será, assim, constituída de forma e matéria. É a presença da forma que dotará a matéria de separabilidade, individualizando-a e, assim, tornando-a substância.

A substância primeira será, desse modo, o homem individual, o cavalo individual (ὁ τὶς ἄνθρωπος e ὁ τὶς ἵππος). Essa opção, já presente nas *Categorias*, mostra o quanto se distancia o jovem Aristóteles das preocupações platônicas. Em vez de apontar para as ideias, escolhe o concreto (o indivíduo). A preocupação do estagirita, influenciado pelo paradigma da biologia, é, nesse quadro, este homem, ou seja, este homem aí, de carne e osso, ou este cavalo aí. O esforço do filósofo é, portanto, assumir a realidade, posto que isso importe dificuldades que o fundador da Academia julgara insuperáveis, tanto que as contornara idealisticamente. Não é por outro motivo que Ackrill denomina a substância primeira de *somehow basic (con) tra Plato*[15]. Creio que isso seja verdadeiro, sobretudo, para o Aristóteles das *Categorias*. Entretanto, como faço referência na introdução, reduzir a experiência da substância primeira a um combate antiplatônico parece-me posição equivocada. Há outras vozes constantes do

---

[15] ACKRILL, J. C, op. cit., p. 88.

debate. E Aristóteles esforça-se para dar conta de toda a polifonia (Antístenes, Parmênides).

Aristóteles apresenta, ainda nesse parágrafo, a substância segunda, que, aliás, só é denominada segunda nesse tratado. Nos outros textos, aparecerá como essência, espécie ou gênero. A caracterização lógica dessa substância de segunda classe — não estar em um sujeito e ser dita de um sujeito — é posterior, na estrutura das posições do texto. Excluída, por impossibilidade, a hipótese de que isso fosse um descuido, é mister reconhecer que Aristóteles quer apenas deixar reinar a substância primeira, elemento principal de todo o seu sistema de categorias.

Ainda quanto a este primeiro parágrafo (2al4-15), convém observar que a tradução de "δεύτεραι δὲ οὐσίαι λέγονται, ἐν οἷς εἴδεσιν πρώτως οὐσίαι λεγόμεναι ὑπάρχουσιν [...]" é das mais problemáticas. Nesse quadro, evitei traduzir ὑπάρχειν por pertencer, optando por subsistir, pois não seria interessante reduzir a relação da substância primeira com a segunda a uma relação de pertinência a um conjunto. Afinal, como registra J. Vuillemin[16]:

> [...] uma espécie não é um conjunto de indivíduos e se as espécies não são ideias, se elas não são separadas do sensível, [...] são formas específicas imanentes às substâncias individuais.

A questão do vínculo da espécie com o indivíduo constitui, portanto, desdobramento do debate com Platão. Ela chegará às páginas da *Metafísica* (1086b4-7) com toda a franqueza:

> [...], ἐκίνησε μὲν Σωκράτης διὰ τοὺς
> ὁρισμούς, οὐ μὴν ἐχώρισε γε τῶν καθ'
> ἕκαστον. καὶ τοῦτο ὀρθῶς ἐνόησεν οὐ
> χωρίσας. δηλοῖ δὲ ἐκ τῶν ἔργων.
> ἄνευ μὲν γὰρ τοῦ καθόλου οὐκ ἔστιν
> ἐπιστήμην λαβεῖν, τὸ δὲ χωρίζειν αἴτιον
> τῶν συμβαινόντων δυσχερῶν περὶ τὰς
> ἰδέας ἐστίν.

[16] In: Vuillemim, J., 1957, p. 57.

> [...], e Sócrates empenhou-se pelas definições; não as separou, porém, das coisas singulares. E não tendo separado, pensou corretamente. A partir de suas palavras, é evidente. Com efeito, sem o universal é impossível apreender a ciência, mas o separar (o universal das coisas singulares) é a causa das dificuldades que acompanham as ideias.

Enfim, Aristóteles reconhece no fosso entre o sensível e o universal uma incoerência que limita, no mundo platônico, a possibilidade da ciência. Não é à toa que seu mestre buscara nas matemáticas um modelo de conhecimento científico, pois seriam os entes lógicos e matemáticos os que mais facilmente se enquadrariam no espaço desse paradigma. O filósofo, ao contrário, enfrenta com seu arcabouço, cuja inspiração é a biologia, o desafio de fazer a ciência dos seres corruptíveis.

2a19 — "A partir do que já foi dito [...]" — esse trecho referir-se-ia a 1b10-15. Nele, cuida-se da transitividade que se estabelece entre a substância primeira e o predicado do sujeito (quanto este for substância segunda) e a sua definição. Como destaca Ackrill[17], as relações meramente linguísticas ("homem" é dito de "homem individual") refletiriam o fato real e existente de o homem individual ser homem. Aristóteles, no mesmo trecho, adverte que, em muitos casos, "[...] nada impede que o nome seja predicado do sujeito, mas ao enunciado isso é impossível". Estamos, pois, diante de um critério de natureza semântica com alcance ontológico, ou seja, a impossibilidade ou possibilidade de atribuição da definição pode revelar distinção ontológica crucial. Desse modo, as duas frases seguintes:

> Sócrates é homem
> Sócrates é branco

recortariam o ser, de forma predicativa distinta. Com efeito, se animal racional poderia ser atribuído ao sujeito Sócrates, *color discretivus* já não poderia. Temos, portanto, conforme o primeiro exemplo, uma substância segunda (essência) predicando o sujeito; conforme o segundo exemplo, uma categoria distinta da substância predicando o sujeito. Trata-se, nesse caso, para nos valer de um vocabulário ainda não presente nas *Categorias*, de uma atribuição acidental.

---

[17] Ackrill, J. C., op. cit., p. 82.

2a34 — Esse trecho continua os anteriores, esclarecendo-os, reafirmando o lugar privilegiado da substância primeira. Aristóteles reitera aqui o vínculo das substâncias primeiras e segundas, o qual é o antônimo da separabilidade platônica: "[...] e também animal será predicado de um homem individual, pois, se não fosse predicado de nenhum homem individual, também não seria predicado do homem em geral". A substância primeira, como ponto de partida, determinará, portanto, a natureza dos procedimentos de investigação, no pensamento do filósofo. Deve-se, nesse quadro, extrair o universal após o percurso pelo particular. Não existe o universal em si, seja o universal em primeira instância (espécie), seja o universal em segunda instância (gênero). Sobre isso, ver *Segundos analíticos* (88a4-5 e 100bl-5).

De Strycker, em seu belo artigo "La notion aristotélicienne de séparation (dans son aplication aux idées de Platon)", afirma que em Aristóteles forma e universal são distintos[18]. De fato, será possível surpreender no curso da *Metafísica* essas noções discriminadas; mais do que isso: τὸ εἶδος (a espécie) servirá como universal, enquanto a μορφή (a forma) vai referir-se ao particular, na condição de princípio individualizador. Aliás, essa característica dá-nos a percepção do abismo existente entre a μορφή de Aristóteles e a de Platão. No diálogo *Timeu* (52d), as μορφάι têm papel primitivo, acusando possibilidades próprias de substrato, e, portanto, indefinidas. Cornford diz mesmo que elas substituem, em Platão, o átomo de Demócrito (Comentários a 248a-249d, do livro *Plato's theory of knowledge*). De toda maneira, no tratado *Categorias*, a forma, que aparece junto a σχῆμα, como um quarto gênero de qualidade, no capítulo VIII, ainda não recebeu os conteúdos e funções que lhe dariam relevância na *Metafísica*.

São, desse modo, duas as características maiores da forma:

1) só existe junto à matéria;
2) é ela que individualiza a matéria, recortando-a.

[18] Artigo publicado na coletânea *Autour d'Aristote, recueil d'études de philosophie ancienne et médiévale*. Publications universitaires de Louvain. Louvain, 1955.

Essa última característica, que já distinguira a μορφή aristotélica da platônica, vai também separá-la do εἶδος de Aristóteles. Mas, elasticamente, melhor será dizer que separa e aproxima, pois é justo supor que a μορφή, forma que individualiza, tenda ao εἶδος, enquanto forma geral, de alguma maneira. É por isso que Le Blond[19], comentando a cadeia generativa e causal aristotélica, que é estranha às preocupações das *Categorias*, diz: "C'est l'essence d'homme en général, la forme d'homme, qui produit un homme par l'intermédiaire de Pélée. C'est en tant qu'il est homme, nom en tant qu'il est Pélée que Pélée engendre Achille". Aliás, tal passagem inverte a hierarquia das categorias e põe a espécie precedendo a substância primeira, ou seja, Le Blond identifica um momento do *Organon*, em que, sem substância segunda, não haveria a primeira. Esse momento são os *Segundos analíticos*.

Pode-se, portanto, a partir de passagens da *Metafísica* e dos *Segundos*, concluir que o rigor da hierarquia que põe a substância primeira no topo e a segunda, como sua subordinada, é amainado e de forma distinta da que se opera no capítulo XIII das *Categorias* por razões meramente classificatórias. Desse modo, para quem procura o repouso dos conceitos, a solução pode ser decepcionante, pois tanto Sócrates, Peleu e Aquiles ajudam a determinar a natureza e a composição do homem quanto o homem parece engendrar a composição desses indivíduos e, portanto, determiná-los:

> 1) Peleu, Sócrates e Aquiles são constituintes do homem (universal).
> 2) Homem (universal) constitui Sócrates, Peleu, e outros (particulares)...

2b7 — O grande critério que hierarquiza os seres parece, no tratado *Categorias*, ser a determinabilidade. É esse critério que põe em relação à determinação absoluta — substância primeira — os outros níveis hierárquicos fundamentais, espécie e gênero, como determinações mais fluidas. Assim, "[...] dar-se-ia conta, de modo mais preciso, do homem individual, aplicando homem do que aplicando animal". Noutras palavras, a determinabilidade da espécie é maior do que a do gênero.

---

19 LE BLOND, J. M., 1973, p. 96.

2b22 — Os distintos níveis ontológicos referentes à substância segunda (do primeiro e segundo grau) são universais. Valem igualmente para todas as substâncias primeiras e determinam, desse modo, a impossibilidade de se atribuir o valor de verdade (V) às proposições do tipo:

> O porco é mais substância que o boi.

A propósito, Martha Kneale, preocupada com o que se poderia dizer de um enunciado desse gênero, pergunta, perplexa[20]: "Não exprime uma proposição? Exprime uma proposição impossível? Ou exprime uma proposição que é apenas falsa? Essa questão conduz-nos aos fundamentos da lógica e levanta o problema da correta formulação e do âmbito de aplicação da lei do terceiro excluído". Jules Vuillemin, de modo diferente, fará recurso ao *nonsense*, para caracterizar as proposições que ferem as disposições categoriais.

2b29 — Destaca-se, nesse trecho, o caráter distintivo da predicação realizada através da substância segunda. Ela aparece como resposta à pergunta essencial — o que é? Aliás, ainda no *Organon*, é essa pergunta que substituirá a substância segunda. É o que sucede nos *Tópicos*, por exemplo. Entretanto, o final de 2b29 é mais interessante, comportando maiores esclarecimentos: "Alguém dirá, com efeito, que o homem individual é gramático; por conseguinte, também dirá ser gramático tanto o homem quanto o animal". Ou seja, tudo o que não for substância e estiver em alguma substância primeira deve também estar na respectiva substância segunda. Mais que isso — como lembra Ackrill[21]:

> Desde que ele já havia argumentado que todas as não-substâncias estão em substâncias primeiras, ele sentiu-se autorizado a concluir que todas as não-substâncias estão em substâncias segundas.

3a21 — A essa altura do capítulo V Aristóteles reintroduz a diferença. Essa é noção fundamental no processo definitório, como se cunhou em nota concernente ao capítulo III. De fato, entre as seguintes proposições — 1) Sócrates é homem; 2) Sócrates é branco;

---

[20] Kneale, Martha; Kneale, William (1980, p. 29).
[21] Ackrill, J. C., op. cit., p. 84.

3) Sócrates é pedestre (diferença de animal) — parece haver rasgos lógicos distintos. Na primeira, o que se disser de homem será dito de Sócrates. Na segunda, o que se disser de branco não será dito de Sócrates. Na terceira, o que se disser de pedestre será dito de Sócrates. Desse modo, a definição de pedestre será atribuída a Sócrates. Esse fato (transitividade) parece concorrer para a semelhança entre a primeira e a terceira. Entretanto, pode-se observar também uma certa semelhança entre a segunda e a terceira, na medida em que se pode considerar Sócrates pedestre, paronimamente, pelo fato de a pedestrianidade nele estar. Aristóteles, todavia, como observa Ackrill, estranhamente desconsidera essa possibilidade. A esse propósito, assim se pronuncia Ackrill[22]:

> A afirmação de que alguma coisa, que não é substância, seja, entretanto, dita de substância constitui uma surpresa, a qual dificilmente pode ser conciliada com o esquema de ideias até agora desenvolvido. Se a diferença de um gênero não é uma substância (substância segunda sendo exatamente as espécies e os gêneros de substância), ela deve pertencer a outra categoria e, por conseguinte, estar em substância.

Para um exame mais detalhado dessa matéria, convém ver os livros VI e VII dos *Tópicos*, aos quais se soma a indicação de Ackrill, *Metafísica*, Z -12.

3a29 — Aristóteles chama a atenção para a completude ontológica da substância, mesmo que seja uma parte, como a mão, a cabeça [illegible] "[...] Não nos perturbe o fato de as partes estarem nos seus todos como nos seus sujeitos. Não sejamos obrigados a declarar não serem elas substâncias [...]" Desse modo, se se pergunta — que é isto?, responde-se — isso é uma mão, havendo, portanto, identidade ontológica entre o isto e a mão. Mas, se se pergunta, diante do branco, que é isto?, responde-se isso é branco, onde o isto não é o próprio branco, mas este corpo, que detém a brancura. Ou seja, branco não pode ser sujeito lógico-ontológico, pois não apresenta a propriedade da separabilidade. O branco só pode ser separado por um processo de mera abstração. Essa solução de Aristóteles parece, entretanto, problemática quanto às partes. Ora, os órgãos, dentro do biologismo marcante do estagirita, só serão definidos a partir de sua função. Aliás, como bem notou

---

[22] Ibidem, p. 85.

Le Blond, esse ponto de vista de Aristóteles está presente tanto nos tratados biológicos quanto na *Metafísica*[23]. Assim, fora do corpo vivo, a cabeça já não é cabeça, senão por homonímia. Pode-se, sem dúvida, considerar essa peça isolada substância; mas se poderá considerar uma mão propriamente dita, isto é, uma mão atuante, como separável, no sentido ontológico que esse termo parece ter no pensamento do estagirita? De que forma se poderia individualizar algo que existe apenas como função de um organismo? Não estariam, nesse quadro, a lógica e a metafísica aristotélica dificultando a descrição dos seres tal como eles são na visão do próprio Aristóteles? A cabeça ou a mão de Sócrates, separadas apenas por abstração, constituem substâncias? Se não, uma cabeça propriamente dita jamais será substância, pois não seria separável.

3a33 — "Pertence às substâncias e às diferenças o fato de todas as coisas serem ditas sinonimamente a partir delas." Ora, retomando a definição de sinônimas, posta no capítulo I — "Dizem-se sinônimas as coisas cujo nome é comum e, segundo o nome, o enunciado da essência é o mesmo [...]" — e considerando que por "serem ditas [...] a partir delas", Aristóteles refere-se ao caso em que a substância segunda ou a diferença estejam como predicado, temos que as frases "Sócrates é homem" e "Sócrates é bípede" são ditas, de tal sorte que as definições de seus predicados se aplicam a seus sujeitos, ou seja, a definição da essência do homem aplicar-se-ia a homem e a Sócrates; e, da mesma forma, em relação à diferença. Entretanto, no caso da sinonímia, para que houvesse a comunidade de nomes, seria necessário haver mais de uma substância individual predicada com a mesma diferença ou com a mesma substância. Por exemplo: "Sócrates é homem" e "Cálias é homem". Homem aplica-se, assim, tanto a Cálias quanto a Sócrates; do mesmo modo, a sua definição. Vale lembrar que o critério apresentado reúne duas condições: nome comum e aplicabilidade direta da definição. Por conseguinte, as frases "Sócrates é branco" e "Cálias é branco" não apresentariam sinonímia. Com efeito, ainda que branco fosse comum a um e outro, a definição de branco não se aplicaria nem a um, nem a outro, pois branco não explicita, de nenhum modo, a essência de Sócrates ou de Cálias.

3b10 — "Toda substância parece significar algum isto. Em relação às substâncias primeiras, é incontestavelmente verdadeiro que signi-

---

[23] Le Blond, J. M., op. cit., p. 358.

ficam algum isto, pois o que é revelado é individual e numericamente um." A substância primeira é o τόδε τι. A sua determinabilidade é consequência da separabilidade. Ora, a separabilidade, como estará posto no livro VII da *Metafísica* (1029a), é um dos critérios de identificação da substância. Em contraposição a isso, a substância segunda (espécie, gênero) não é determinada. Se ela o fosse, estaríamos de novo enredados no platonismo, onde Sócrates, segundo o filósofo, poderia ser três indivíduos — ele mesmo, o homem da espécie, o animal do gênero. Aliás, como há em Platão o mundo sensível e o não sensível[24], chegaríamos à sextuplicação de Sócrates:

> Sensível — ele mesmo, o homem, o animal.
> Não sensível — o indivíduo, o homem, o animal.

Nesse quadro, alguém poderia objetar que, se a substância segunda não é determinada, sua noção tenderia a confundir-se com a da matéria. Entretanto, a matéria não aparece como predicado; e a separabilidade só é necessária para dela diferenciar a substância primeira, uma vez que a substância segunda, ainda que indeterminada, pode aparecer como predicado. "Mas, em relação às substâncias segundas, parece, de modo igual, que significam, pelo esquema de denominação, algum isto, quando alguém diz homem ou animal; mas isso não é verdadeiro, pois significam mais alguma qualidade. Com efeito, o sujeito não é um, como a substância primeira, mas o homem e o animal são ditos de muitos". Essa qualidade, porém, é também essência, pelo que se diferencia de uma simples qualidade, como branco. Caso contrário, não haveria diferença entre as atribuições presentes, nas seguintes proposições:

> (a) Sócrates é branco.
> (b) Sócrates é homem.

Com efeito, em *Dos argumentos sofísticos*[25], Aristóteles refere-se a uma noção fundamental que subjaz à proposição (b) "Sócrates é homem". Nela se defrontaria o "uno em face da multiplicidade". Esse fato serviria, sem dúvida, para tornar mais nítida a distinção entre as

---

[24] *Metafísica*, 1003a-10-15.

[25] 179a-5-10.

duas proposições acima citadas. Em branco não há nada de múltiplo de Sócrates (uno); porém, em homem, tomado como espécie, no sentido biológico das *Categorias*, a ideia de múltiplo reaparece, de forma inequívoca.

Aliás, cabe aproveitar essa passagem para lembrar que, no filósofo, a relação entre os membros do par metafísico (um e múltiplo) é a mais flexível. Com efeito, ao mesmo tempo que afirma a identidade do uno ou um ao múltiplo — "Cálias é homem" (o uno é múltiplo), Aristóteles, destacando o individual concreto, através da substância primeira, afirma diferir o uno em face do múltiplo:

> A substância primeira não é a substância segunda.

Esse nó, caracterizado pelas hesitações dos conceitos, onde não há identidade total e diferença absoluta, é o que permite a unidade e a própria singularidade de Sócrates aristotélico em face da multiplicidade. Talvez na noção de substância segunda haja dois conceitos distintos que se revezam e permitem esse movimento: a espécie que é referida nas *Categorias* e outro conceito, que não aparece nesse tratado, a essência. O primeiro é o próprio múltiplo, dentro de uma dimensão de inspiração biológica, concreta e real; o segundo é a forma desse múltiplo, o universal, extraído a partir da multiplicidade dos indivíduos concretos (a esse propósito, ver *Segundos analíticos* 100b).

3b24 — Aristóteles, como já notara Ackrill[26], levanta a questão da contrariedade, ao discutir cada uma das categorias. Essa preocupação se refere às possibilidades de validade de proposições engendradas a partir das categorias. Assim, uma proposição do tipo

> Sócrates é contrário a Cálias.

será, *a priori*, descartada no sistema aristotélico como falsa, pois o indivíduo assume a sua singularidade, de tal sorte que a ele não faz sentido a contrariedade. Aqui, portanto, não faz sentido opor como contrária à individualidade de Sócrates a de Cálias. Suponha-se a proposição "isto é Sócrates". Suponha-se, ainda, que Sócrates se alterasse a ponto de chegar ao contrário dele mesmo. Teríamos, então,

> Isto é o contrário de Sócrates.

---

[26] Ackrill, J. C., op. cit., p. 89.

Ora, uma proposição desse tipo também será proibida pela tábua categorial, pois nessa o que se pretende salvar é, além da singularidade, a permanência, ambas representadas pela substância. Suponham-se agora as duas proposições seguintes:

Sócrates é jovem.
Sócrates é velho.

Poderíamos admitir, e isso será feito pelo próprio filósofo adiante, que essas duas proposições são contrárias. De fato, elas o são, como o são jovem e velho. Essa contrariedade, porém, só terá sentido se Sócrates permanece idêntico a si mesmo, pois do contrário jovem e velho estariam se referindo a sujeitos lógicos distintos. E, assim considerando, não haveria diferença entre os pares preposicionais:

Sócrates é jovem.
Sócrates é velho.
e
Sócrates é jovem.
Cálias é velho.

Com efeito, em ambos os pares a referência seria sobre indivíduos distintos, com distintas existências. Ademais, na perspectiva gerada pelas hipóteses precedentes, que são impossíveis na lógica de Aristóteles, terminaríamos, como já indiquei, desembocando nas teses radicais de Antístenes, para quem seria impossível contradizer e mesmo dizer o falso:

> [...] Αντισθένης ᾤετο εὐήθως μηδὲν ἀξιῶν λεγέσθαι πλὴν τῷ οἰκείῳ λόγῳ, ἓν ἐφ' ἑνός. ἐξ ὧν συνέβαινε μὴ εἶναι ἀντιλέγει, σχεδὸν δὲ μηδὲ ψεύδεσθαι.
>
> [...] Antístenes julgava ingenuamente que nada valeria se dizer, senão pelo discurso apropriado, uma para cada coisa. A partir do que sucedia não ser possível contradizer e quase sucedia não ser possível enganar-se. (*Metafísica*, 1024b-30-35)

Em Aristóteles, de maneira diferente, o sujeito lógico suposto no caso, a essência de Sócrates, num sentido individual, isto é, τὸ τί ἦν εἶναι, é capaz de unificar os diversos momentos de Sócrates em um mesmo, Sócrates. Esse substrato é mais que a essência enquanto espécie (τὸ εἶδος), pois não torna Sócrates idêntico a Cálias (identidade segundo a espécie), mas se trata de algo que faz Sócrates idêntico a si mesmo, apesar das diferenças marcadas no tempo. Essa componente pode ser detectada em algumas passagens da *Metafísica* e é ela que parece garantir a projeção transtemporal da substância primeira, em oposição à corrupção dos seres sensíveis (Platão, Crátilo), a qual tornaria impossível dizer a verdade, ou, também, em oposição ao predicado sempre redefinidor do sujeito, o qual impediria que se dissesse a falsidade (Antístenes). Noutras palavras, em Platão, o Sócrates sensível não pode ser enunciado de forma verdadeira, pois, ao corromper-se, ele vicia a enunciação. Em Antístenes, cada predicado distinto redefine o sujeito, de tal sorte que já não se pode falar em atribuição errada. Por conseguinte, todos os enunciados, vistos apenas a partir da relação sujeito—predicado, serão sempre verdadeiros.

O estagirita, com efeito, ao criar a categoria substância e ao dotá-la de relativa resistência aos transtornos de tempo, superou os aborrecimentos ontológicos da corrupção dos seres sensíveis de Platão, sem recorrer a um mundo ideal, ao mesmo tempo que ultrapassou o paradoxo lógico e linguístico de Antístenes.

3b33 — Em relação a cada categoria, Aristóteles aborda a questão do mais e do menos. Esse modo sistemático de abordar uma pergunta sucederá à contrariedade. No caso da substância, o estagirita proíbe a construção de sentenças do tipo:

> Sócrates é mais homem que Cálias.

Com efeito, sendo sinônimos, Cálias e Sócrates se referem a homem de um mesmo modo (identidade segundo a espécie, conforme está exposto no livro I, 7 dos *Tópicos*, 103a-103b). O mais e o menos, cabe lembrar, só serão admitidos no trabalho de precisar a primordialidade ontológica. Assim, a substância primeira é mais substância que a segunda, do mesmo modo que a espécie (substância segunda de primeiro grau) é mais que o gênero (substância segunda de segundo grau).

4a10 — "Parece, sobretudo, que é próprio da substância, sendo a mesma e uma numericamente, ser receptiva de contrários [...]" O próprio, conforme é definido nos *Tópicos* (102a15-30), é algo que não expressa a quididade da coisa, apesar de pertencer somente a ela.

Ora, a partir disso, vê-se quão importante é, em relação à substância, a característica de ser capaz de receber contrários. Suponhamos, nesse quadro, os contrários jovem e velho e as proposições seguintes:

(1) Sócrates é jovem.
(2) Sócrates é velho.

Sócrates, enquanto sujeito lógico, poderá receber essas duas atribuições contrárias, desde que, se elas forem em relação ao mesmo aspecto, se deem em tempos distintos, pois o princípio mais "firme de todos" prescreverá, numa fase ulterior do pensamento aristotélico — "É impossível que um mesmo atributo se dê e não se dê simultanea-mente no mesmo sujeito e no mesmo sentido" (*Metafísica*, 1005b-20-23). O mais importante a notar, porém, é que Aristóteles, embora acolhendo a mudança, aponta para um núcleo duro e resistente (substância, sujeito) — ou seja, aponta para o fato de um mesmo poder com atribuições distintas e contrárias permanecer o mesmo.

Não nos esqueçamos, porém, de que a substância jamais receberá predicados essencialmente contrários (*Metafísica*, 1007a). Ela não terá contrários a partir de substâncias, pois não existe homem e não-homem, boi e não-boi. A atribuição de contrários, portanto, jamais será essencial, proibindo-se, assim, proposições do tipo (ver nota a 3b24):

Sócrates é não-homem.

A atribuição de contrários sempre se passará no reino do acidente, explorado, sobretudo, na *Metafísica*. Com efeito, no reino da essência, uma mudança dentro dos contrários corromperia, de modo absoluto, a mesmidade do sujeito lógico, implodindo a substância. Por exemplo, se Sócrates passasse de homem a não-homem.

Prosseguindo em defesa de sua tese, segundo a qual só a substância é capaz de receber contrários, Aristóteles afirma: "[...] a cor, que é uma e mesma numericamente, não será branca e negra; [...]". Ackrill, comentando esse exemplo do filósofo, considera-o não convincente. Diz ele:

> [...] se X passa do preto para o branco, nós temos primeiramente a negrura de X e posteriormente a brancura de X, dois indivíduos na categoria da qualidade. (A isto aqui corresponde o fato de que

uma e mesma substância não pode mover-se de uma espécie para outra.) O que se requer não é mostrar que a negrura de X não pode reter a sua identidade, ao se tornar branca; mas que a negrura de X não pode reter a sua identidade, ao ter propriedades contrárias em diferentes tempos[27].

Com efeito, o que Aristóteles mostra, nesse trecho, é o fato de que, nas proposições "a cor de X é branca em T1 / a cor de X é negra em T2", os sujeitos são necessariamente distintos. Trata-se, de fato, de duas cores. Do mesmo modo que, se as duas proposições seguintes fossem corretas, "Sócrates é homem em T1 e Sócrates é boi em T2", os Sócrates de T1 e T2 seriam necessariamente duas substâncias distintas, uma vez que, entre o predicado e o sujeito, nas proposições aqui referidas, há relação de identidade essencial. Alterando-se o predicado, altera-se o sujeiro, supondo-se as atribuições corretas. Demais, se se compara a cor à substância, o fato de ser negra ou branca não deve ser posto necessariamente a partir de tempos distintos, pois, se é verdade que a cor não será branca e negra em tempos distintos, nem simultaneamente a substância poderá receber contrários em tempos distintos e, às vezes, ao mesmo tempo, conforme está exposto em *Dos argumentos sofísticos*[28]. Assim, Sócrates, sendo um e mesmo, é branco e preto (branco, quanto à cor da tez; preto, quanto à cor dos cabelos). A cor porém, sendo uma e mesma, não será branca do lado esquerdo e preta do lado direito. Ao contrário, a cor sempre predicará uma substância, um corpo. Desse modo, poderá haver um corpo branco e preto, mas nunca uma cor branca e preta. Assim, a existência da cor branca só é possível como predicado junto a uma substância — este cavalo branco, este homem branco. Quanto a essa posição de Aristóteles, pode-se dizer que é, inequivocamente, antiplatônica e remonta ao diálogo *Híppias maior*, em que o sofista rebate a tese de Sócrates sobre a existência do belo em si, ou seja, a tese da separabilidade da qualidade, indicando que há apenas coisas belas; por exemplo, esta bela jovem, este belo cavalo.

"[...] nem uma mesma ação, também numericamente uma, será má e boa [...]" Esse exemplo parece-nos mais problemático, ainda que Ackrill considere que, avaliando globalmente, uma ação só poderá

---

[27] Ackrill, J. C., op. cit., p. 89.

[28] *Dos argumentos sofísticos*, 167a5-10.

ser boa ou má, nunca má e boa. Considerando, entretanto, essa última hipótese, em vez de detectarmos a insuficiência de Aristóteles, pode--se, no âmbito de sua doutrina, resolver a questão, duplicando-se as ações. Assim, se em um primeiro momento a ação A é má, e, se em um segundo momento, a ação A é boa, estaríamos, em verdade, lidando com duas ações distintas, e só o equívoco nos levaria a nomeá-las de uma mesma forma.

4a22 — "[...] a não ser que alguém sustentasse que a proposição e a opinião fossem coisas desse tipo." Nesse derradeiro trecho do capítulo V, o filósofo mostra por que a opinião e a proposição não admitem contrários, ainda que a alguns assim pudesse parecer. O argumento utilizado é de que proposições ou opiniões não passam de falsas a verdadeiras por alteração nelas próprias, mas nos conteúdos a que elas se referem. Ao contrário de Sócrates, por exemplo, que passa de jovem a velho por experimentar ele próprio alterações. Poder-se-ia também salvaguardar a exclusividade da substância em face da capacidade de receber contrários, considerando os enunciados "Sócrates está sentado, no momento I(V) / Sócrates está sentado, no momento II(F)" como enunciados diferentes. Aliás, Ackrill já apontara nessa direção, afirmando:

> A mesmidade de uma proposição ou de uma crença não está garantida pela mesmidade das palavras pelas quais ela é expressa; o tempo e o lugar da elocução e outros aspectos contextuais devem ser levados em conta[29].

É verdade que os enunciados parecem admitir valores de verdade distintos, devido à indefinição que geralmente os cerca. As vezes essa indefinição é projetiva. Digo que Sócrates está sentado, projetando no futuro indefinido a proposição. Mas, se digo "Sócrates está sentado no instante T", a opinião ou é verdadeira ou é falsa, não sofrendo alterações no seu valor de verdade.

## Comentários ao Capítulo VI

O capítulo VI introduz a quantidade (πόσον, ποσότης). A posi-

---

[29] ACKRILL, J. C, op. cit., p. 89.

ção da quantidade, seguindo a substância, que está no capítulo V, e antecedendo os relativos (capítulo VII), conforma uma hierarquia das categorias atributivas, que predicam a οὐσία, e que não será mantida nos trabalhos posteriores do estagirita. Na *Metafísica*, por exemplo, obra da maturidade, à substância seguirá a qualidade, e a essa, a quantidade. Assim, ao referir-se à categoria dos relativos, em 1088a-23, o filósofo diz:

> τὸ δὲ πρός τι πάντων ἥκιστα φύσις ἤ
> οὐσία [τῶν κατηγοριῶν] ἐστὶ, καὶ ὑστέρα
> τοῦ ποιοῦ καὶ ποσοῦ.

> De todas as categorias, o relativo é a que menos é uma natureza ou substância, e é posterior à qualidade e à quantidade [...]

Para a leitura desse capítulo, vale lembrar dois aspectos que obstarão qualquer analogia, em matéria de procedimentos, com o capítulo VIII:

1) ao tratar das quantidades, Aristóteles evita recorrer ao abstrato;
2) Aristóteles, muita vez, menciona os detentores de propriedades quantitativas, fazendo às propriedades apenas referências indiretas, pela via da metonímia.

Esses dois aspectos dão especificidade ao modo de apresentação do capítulo VI, por oposição ao capítulo VIII, em que se examina a qualidade. Ackrill já o havia notado:

> Primeiramente, ele não usa nenhum nome abstrato para a quantidade, mas emprega em todos os lugares o (pronome) interrogativo--adjetivo. [...] Segundo, ele não elenca ou tenta classificar as propriedades quantitativas (como a propriedade de ser de um pé de comprimento) ou os predicados quantitativos correspondentes (como "de um pé de comprimento").

Em relação à primeira constatação, Ackrill responde que termos como comprimento, área e tempo (*general terms*) seriam ambíguos — uma linha, por exemplo, seria dita tanto de uma extensão como ela própria se diria extensão. Tentando solucionar essa ambiguidade, Aristóteles teria esbarrado na dificuldade linguística expressa pela ausência de nomes gregos abstratos correspondentes aos vários predicados quantitativos.

A razão dessa solução parece-me mais profunda que a simples ausência retrorreferida, mesmo porque o filósofo jamais hesitou em cunhar termos, quando as carências de linguagem os impunham. Nesse quadro, ressalta o uso de ποιόν (*qualis*) e de ποιότης (*qualitas*), que tem por fito, exatamente, viabilizar o mecanismo próprio aos entes qualificados — a paronímia:

> Sócrates é branco (*qualis*).
> A brancura (*qualitas*) está em Sócrates.

Mas, cabe indagar, haverá a contraparte quantitativa das orações acima? Não se dirá, por exemplo, de "Alcebíades tem um metro e oitenta centímetros de comprimento", que a "propriedade de ter um metro e oitenta centímetros de comprimento" *in subjecto est*? Por que Aristóteles não abre o capítulo VI tal como fez abrindo o VIII —"Digo qualidade aquilo segundo o que alguns são, de alguma maneira, qualificados."; ou seja, por que Aristóteles não abre o sexto capítulo dizendo:" Digo quantidade aquilo segundo o que alguns são, de alguma maneira, quantificados"? A nosso ver, isso se deve ao fato de Aristóteles querer deixar bem nítidas as diferenças entre a quantidade e a qualidade, evitando qualquer caminho que pudesse induzir à assimilação da primeira à segunda.

Essa mesma preocupação poderia ser alegada para responder ao segundo grifo de Ackrill, pois, da mesma maneira, se trata de evitar a paronímia, que é procedimento reservado para as operações com qualidade. Não haveria, portanto, necessidade de se valer de ποσότης (*quantitas*). O uso de πόσον, evitando-se o abstrato, concorreria, no jovem Aristóteles, para uma vigorosa rejeição à separação da quantidade, cujo caráter absoluto fora celebrado tanto pelos pitagóricos como por Platão. Na *Metafísica* (987a), temos a opinião dos pitagóricos, segundo a qual "o ilimitado mesmo e o próprio um são a substância das coisas que são predicadas, pelo que também o número é substância de todas as coisas". E logo adiante o filósofo refere-se ao comércio e acordo entre a teoria dos pitagóricos e a de Platão: "Depois das filosofias já ditas, surgiu a atividade teórica de Platão, tendo esta seguido em muitos pontos aqueles [os pitagóricos] [...]" (987a-30).

4b20 — Aristóteles inicia a exposição das quantidades introduzindo os grandes grupos que as classificam, o das discretas e o das contínuas. Ele vê na continuidade a característica das partes que têm um limite comum. (Essa noção é discutida posteriormente, na *Física*, V, 3,VI, I-2.)

Ackrill critica o fato de Aristóteles negar aos números continuidade. Não que lhe pareça de bom senso dizer: "The number 3 touches or (what is stronger) joins on the number 4" (O número 3 toca o número 4 ou (o que é mais forte) se junta ao número 4), mas sucede que Aristóteles não estaria lidando com o número 3 e, sim, com *numerable agregates* (agregados numeráveis). E, para esses, segundo o comentador inglês seria irrelevante a questão do limite comum. Considero que podemos manter nossa leitura nos quadros fixados pelo texto, apesar da crítica ackrilliana. Ora, qualquer análise de uma categoria aristotélica diferente da substância deve situar a primeira numa posição hierarquicamente inferior à da segunda; e, mais que isso, todas as noções aristotélicas, à época das *Categorias*, laboram em favor da οὐσία. Nesse quadro, deve-se situar a descontinuidade como uma possibilidade inscrita na noção de número e que deve ser atada à de substância. Assim, a quantidade de sete homens não supõe que um homem individual esteja, corporalmente, vinculado a um dos outros. Há autonomia e completude em cada momento numérico, ainda que um momento superior quantitativamente os reúna e os descreva, tal o sete.

Quanto à inclusão do lugar nas quantidades contínuas, pode-se dizer que essa solução se ajusta perfeitamente ao horizonte intelectual dos pensadores gregos, para os quais não havia *quanta* espaciais. Aliás, essa orientação, mais que fixada, será posteriormente sacralizada pela geometria de Euclides.

No capítulo IV e no capítulo IX, o lugar e o tempo (onde e quando) aparecem como categorias autônomas. O fato de, neste sexto capítulo, serem catalogadas como quantidades pode, por um lado, indicar hesitação; mas, por outro, permite-nos mais um elemento para a diferenciação entre a quantidade e a qualidade. Demais, nessa mesma perspectiva, fica difícil imaginar mecanismos paronímicos para essas quantidades, pelos quais elas pudessem ser assimiladas às qualidades. Não se dirá, certamente, de "Sócrates está na ágora", que a propriedade de "estar na ágora" está em Sócrates, do mesmo modo que, sendo Sócrates branco, se dirá nele estar a brancura.

Quanto ao onde (lugar), precisamente, sabe-se que Aristóteles o definiu na *Física* (212a 20) como "limite imóvel e imediato do continente". Em relação a essa definição, Tricot observa em nota: "Il en résulte que si le corps est continu, le lieu l'est aussi". Isso significa que, a aceitar a glosa do comentador e tradutor francês, Aristóteles sempre parte, em suas reflexões, de sujeitos lógico-ontológicos (substâncias, corpos), ou seja, é a partir dos corpos e, sobretudo, da substância que tudo o mais deve ser compreendido, até o espaço e o lugar. Não se trata, portanto, de fazer experiências hipotéticas, no campo de uma geometria ideal; mas, de modo contrário, se trata de, partindo das características dos corpos, encontrar a geometria que os descreva.

5a15 — Nesse trecho, o filósofo aprofunda a discussão das características das quantidades discretas e contínuas, que fora iniciada no item anterior. Em geral, o recurso aqui utilizado é chamar pela constatação do leitor. Desse modo, falando das quantidades contínuas, o filósofo diz:

> Por exemplo, as partes da linha têm posição, umas para as outras — pois cada uma delas está situada em algum lugar, e poder-se-ia distinguir e indicar onde cada uma delas está situada no plano [...].

E, depois de oferecer ao que lê o exemplo de quantidade contínua, Aristóteles apresenta o que seria um de quantidade discreta — o número; quanto a este "[...] não se poderia ver que suas partes têm posição, umas para outras, ou que estão situadas em algum lugar, ou quais de suas partes convergem umas para outras". A descontinuidade, nesse quadro, parece cobrir também o tempo, pois nenhuma de suas partes, sendo permanentes, como poderiam guardar posição umas para outras? Ou, para usar a fórmula habitual de tradução, como poderiam ter um limite comum?

Desse quadro, poder-se-iam tirar duas proposições aparentemente semelhantes:

> a) as partes do número não têm um limite comum;
> b) as partes do tempo não têm um limite comum.

Entre a e b, porém, há uma diferença fundamental e que exprime características diversas do tempo e do número. Se é verdade que o número, enquanto quantidade discreta, não possui partes que tenham um limite comum, o tempo, que é quantidade contínua, também não possui partes que tenham um limite comum, mas, simplesmente, porque suas partes não subsistem. Entretanto, a despeito de não subsistirem, pode-se falar num limite onde elas se tocam, o presente, enquanto limite do passado e do futuro.

Portanto, o critério eficaz que denuncia claramente o fato de uma quantidade ser discreta ou contínua é a presença de limite comum, seja esse relativo às posições das partes, seja à ordem apresentada pela quantidade. A esse propósito, ao tratar do tempo e de números, mais conveniente será falar de ordem:

> Seria preferível que alguém dissesse haver uma ordem, pelo fato de isto ser anterior, aquilo posterior, em relação ao tempo. E, em relação ao número, sucede o mesmo, pelo fato de o um ser enumerado antes do dois, e dois, antes de três, e, assim, haveria uma ordem e não se conceberia, absolutamente, uma posição.

5a38 — "No sentido fundamental, somente são ditas quantidades essas coisas que acabam de ser expostas. Todas as outras são ditas quantidades por acidente." Aristóteles preocupa-se nesse trecho em esclarecer o fato de existirem referências a determinados entes, como se eles fossem quantidades, quando, de fato, não o são. A fonte dessas referências seria a aplicação à quantidade de um *lógos* que lhe é impróprio, qual o obtido pela confusão da quantidade com a qualidade, categorias assaz díspares e plenamente diferenciadas. Assim, diante de uma frase do tipo "há uma grande quantidade de branco", deve-se procurar encontrar a verdadeira formulação do discurso, cuja estrutura mais íntima pode estar prejudicada pela impropriedade da enunciação. No caso, o discurso correto seria "há uma grande superfície branca". Ora, é a superfície, a qual é quantidade, que pode ser dita grande ou pequena, mas não o branco, que é qualidade. Não há nesse fato dogmatismo, como quer Ackrill, mas justificada preocupação com uma correta distinção categorial. A medida e o cálculo seriam propriedades atribuídas fundamentalmente à quantidade. Ao que não for quantidade, a mesma operação só se dará por acidente (κατὰ συμβεβηκὸς). Traduzir, pois, esse κατὰ συμβεβηκὸς por *derivatively*, como faz Ackrill, é dar a uma proposição, do tipo "o branco é grande", um caráter de legitimidade que a expressão grega não nos informa. Labora, portanto, em erro o comentador inglês.

5b11 — "Também nada é contrário à quantidade. Com efeito, das determinadas, nenhuma possui contrário; por exemplo, nada é contrário à medida de dois côvados, ou à superfície, ou a alguma coisa semelhante." Segundo Denis O'Brien, em seu artigo intitulado "Aristote: quantité et contrarieté; une critique de l'école d'Oxford", o filósofo não estaria falando aqui de propriedades quantitativas, mas de possuidores de propriedades quantitativas. Essa questão — possuidores de propriedades ou, simplesmente, propriedades? — seria decidida pela tradução de τὸ δίπηχυ, que O'Brien traduz por "le long-de-deux-coudées" ou "ce qui est long de deux coudées". Como corolário dessa solução, o que não poderia ter contrário seria aquilo que tem dois côvados, aquilo que tem três côvados ou a superfície.

A partir dessa posição, O'Brien rejeita a tradução e o comentário de Ackrill, uma vez que aquela teria desencaminhado esse. Ackrill, lembro, traduzira τὸ δίπηχυ por *four-foot*, isto é, pela propriedade e não pelo seu detentor. De fato, a opção de O'Brien possui arrimo: baseia-se na presença do artigo, que não fora traduzido por Ackrill. Entendo, entretanto, que essa alternativa tem contra-indicações, que discutiremos a seguir e que me levam a manter a escolha de Ackrill, segundo a qual Aristóteles está se referindo, no trecho, às propriedades quantitativas e não a detentores dessas propriedades. Todavia, diferentemente de Ackrill, não suprimirei o artigo da tradução. Noutras palavras, admito, ao traduzir, que a opção de O'Brien advém de um fato real no texto, o artigo. Desse modo, considerando o artigo, por que traduzir τὸ δίπηχυ por aquilo que tem dois côvados e não pela medida de dois côvados (τὸ μέτρον δίπηχυ)?, pois no início de 5b11 Aristóteles se refere, de modo inequívoco, à quantidade e não ao detentor da quantidade. Tenha-se em mente que, no capítulo precedente, Aristóteles, ao colocar a contrariedade e suas possibilidades diante da substância, resolvia também o problema de um detentor de quantidade (a substância) diante de suas propriedades quantitativas. Ora, quando o filósofo se refere diretamente à quantidade, ele deixa claro com isso que o problema dos detentores de propriedade já foi tratado. Agora fundamentalmente ele falará de propriedades, quer sejam elas quantitativas, quer sejam qualitativas, quer se refiram a uma outra categoria distinta da substância. Do contrário, haveria dificuldades para entender passagens como a cabeça do trecho 5b11 — "Também nada é contrário à quantidade".

Quanto ao uso de detentores, que obstrui a referência direta às propriedades quantitativas e de que se vale abundantemente Aristóteles, já nos parece suficientemente esclarecido, no início destes comentários ao capítulo VI. De todo modo, pode-se dizer que configura uma referência metonímica às propriedades quantitativas. Essa consideração auxilia-nos a compreender o significado de superfície na frase — "[...] nada é contrário à medida de dois côvados, ou à superfície, ou a alguma coisa semelhante". Superfície é, portanto, no caso, o modo metonímico de se dizer a medida da área.

O trecho final, que antecede o item 5b30, aborda, sobretudo, aquilo que aparentaria ser quantidade, mas que, em verdade, se trata de relativos — "Nada, com efeito, se diz grande ou pequeno, por si mesmo [...]". Além do interesse na elucidação da diferença entre quantidade e relativos (que, a meu ver, depois dessa passagem, já não pode ser considerada problemática), o trecho supraindicado serve para reforçar a ideia de que o início de 5b11 se refere à propriedade quantitativa e não ao detentor dessa propriedade. Considerando o contrário, como admitir que alguma coisa, sendo detentora de uma área X, seja dita de área X, por si mesma? Desse modo, não há como aceitar o xeque-mate que O'Brien quis aplicar a Ackrill, pois a detentora da área X é dita de área X, pela propriedade que detém e não por si mesma.

5b30 — Aristóteles prossegue em considerações, que também escapariam à análise de O'Brien. Apesar de o capítulo tratar da quantidade, o filósofo estende-se, com empenho, ao problema da contrariedade em face do grande e do pequeno, e ao que a eles se assemelhar. Esse empenho é suportado pelos limites postos pelo princípio da não-contradição. Nesse quadro, se o grande e o pequeno forem contrários, sucederá que a mesma coisa receberá simultaneamente os contrários e que essa coisa será contrária a si mesma. Ora, é a coisa que recebe a aplicação (entenda-se essa palavra aqui em seu sentido estritamente lógico) que passa a deter tais propriedades, que o filósofo não considera quantitativas, mas relativas. Não há, pois, motivo para confusão entre a propriedade e o que a possui. Poder-se-á, entretanto, argumentar que a situação de dúvida, caso alguém a escolha, se deva à especificidade dos relativos em face de outras categorias. Mas esse seria também um argumento muito débil, pois não há, falando sob o enfoque ontológico, detentores de relatividade. O que há são os relativos e a relação, a partir da qual, eles, simultaneamente, se constituem.

Ainda no item 5b30, a referência à qualidade (doente e sadio) reitera que o corte do filósofo é no nível das propriedades e não dos seus possuidores, embora a presença desses, os quais se deve identificar com a substância, seja fundamental à clarificação de muitas questões.

Prosseguindo na análise do item 5b30-6a11, observa-se que Aristóteles, equivocadamente, tenta montar um argumento ao estilo de uma redução ao absurdo (ἐπαγωγή εἰς τὸ αδύνατον). Mas, por que equivocada a condução do raciocínio de Aristóteles, a essa altura do texto? Ora, a demonstração por absurdo pretende reduzir uma proposição a outra, que seja aceita como falsa, impossível ou absurda; ao contrário da prova direta, que lida com proposições que se supõem verdadeiras, em toda a extensão do argumento. O filósofo, porém, pensa, no caso, ter obtido o absurdo (sobre a prova direta, em comparação com a redução ao absurdo, ver livro II dos *Primeiros analíticos*), quando, de fato, não o obteve. Vejamo-lo, então: "E ainda, se o grande e o pequeno forem contrários, sucederá que a mesma coisa receberá simultaneamente os contrários e que essas coisas serão contrárias a si mesmas". Aristóteles, em seu raciocínio, mostra que, se o grande e o pequeno forem contrários, a mesma coisa receberá simultaneamente os contrários e que essas coisas serão contrárias a si mesmas. Só que, ao continuar a sua argumentação, ele acrescenta: "Com efeito, uma mesma coisa é, diante disto, pequena; diante daquilo, grande". Ora, se o grande e o pequeno se referem a aspectos distintos, não há como considerá-los contrários. "Por conseguinte, sucede que a mesma coisa é tanto grande quanto pequena, ao mesmo tempo, de modo a receber simultaneamente contrários". Com isso se teria chegado a uma proposição absurda, pois nada parece receber simultaneamente contrários.

Ora, se a admissão simultânea de contrários não for concernente a um mesmo aspecto, como estará explícito na *Metafísica* (1005b15-20) e outros lugares, não há problema. Com efeito, os contrários grande e pequeno referem-se, no caso, a aspectos distintos: "[...] uma mesma coisa é, diante desta, pequena; diante de outro, grande". Inexiste, portanto, a possibilidade de contradição aqui. Todavia, o princípio dos princípios, interessa lembrar, ainda não foi enunciado em sua formulação clara e inequívoca, que aparecerá na *Metafísica*. "[...] é impossível, com efeito, que um mesmo atributo ocorra e não ocorra, simultaneamente, em um mesmo sujeito e em um mesmo sentido". Já no âmbito dessa nova formulação, o filósofo cita casos que a não infringem, embora pareçam transgredir sua imperfeita silhueta, tal qual ela está esboçada nas *Categorias*, sobretudo nesse item (5b30-6a11). Desse modo, poder-se-ia, sem cometer nenhum paralogismo, falar de um homem preto, no sentido absoluto, que é branco, quanto aos cabelos.

Essas observações precedentes também poderiam ser aplicadas ao trecho seguinte: "[...] coisa alguma simultaneamente adoece e tem saúde [...]". Convém também observar, continuando o item 5b30-6a11, que aqui se corrobora a hipótese de que a contrariedade, a que se refere Aristóteles, se relaciona diretamente às propriedades quantitativas e não aos detentores de tais propriedades. Prova disso é o recurso à qualidade. Com efeito, ao mostrar que o branco é contrário ao preto, o filósofo, por contraste, ressalta um tipo de relação que não existe nas quantidades. É natural, pois, que ele esteja opondo às propriedades qualitativas as propriedades quantitativas.

Parece justo, já a essa altura, perguntar o que indicaria a contrariedade; quais os significados de proposições compostas, a partir dos elementos acima descritos? Ora, essa contrariedade deve ser vista junto à incompatibilidade ou incoexistibilidade das características. Com isso, na proposição "a saúde não é doença" a negação indicaria que, onde há doença, não há saúde; de modo distinto, na proposição "dois côvados não são três côvados" não haveria contrariedade, pois, onde há três côvados, existem também dois côvados, ou seja, dois côvados poderiam, de certa forma, coexistir com três côvados.

Ainda em relação a esses pontos, pode-se considerar, pela natureza dos exemplos de Aristóteles, que ele apenas busca a contrariedade entre as características de um mesmo tipo categorial. Isso significa que, quando se disser que três côvados não são saúde, estamos lidando com uma proposição em que a negação não quer dizer incompatibilidade ontológica, mas uma mera distinção entre diferentes tipos de categoria. A simples abordagem da matéria acima é importante na identificação das nuanças da negação, a partir da exposição categorial aristotélica, posto que o filósofo não tenha tratado desse tema em seu texto.

6a11 — "E, sobretudo, a contrariedade da quantidade parece subsistir em referência ao espaço: com efeito, põem o acima como contrário ao abaixo, dizendo baixa a terra próxima ao centro [...]" Aristóteles não rejeita, de modo inequívoco e detalhado, a contrariedade entre o baixo e o alto. Tendo considerado, porém, que essas expressões se referem à categoria do lugar, deve-se evitar associá-las à quantidade. Afinal, no quadro geral das categorias, o que determina a especificidade do que não é substância é um determinado modo de estar diante da οὐσία, ou seja, a quinta tese de Brentano, em sua célebre obra *Sobre os vários sentidos do ser em Aristóteles* — "As categorias diferem entre si devido às diferentes relações que elas travam com a substância primeira". Ora, se a quantidade surge como elemento interno à substância e de relevância no seu preenchimento ontológico e mesmo no da matéria, o lugar é um mero limite "imóvel e imediato do continente" (ver comentários 4b20).

6a19 — "A quantidade parece não receber o mais e o menos. Por exemplo, a medida de dois côvados. Com efeito, uma medida de dois côvados não é mais que outra medida de dois côvados. E o mesmo sucede ao número [...]" Aristóteles está referindo-se ao fato de a quantidade não admitir a intensidade. Assim, a propriedade quantitativa de dois côvados não será dita mais que outra propriedade de dois côvados. Esse fato, por oposição, diferencia a quantidade de qualidade, pois nessa (capítulo VIII) haverá, por exemplo, uma brancura que é mais branca que outra.

6a26 — "Mas, sobretudo, próprio da quantidade é ser dita igual ou desigual." Essa é, decerto, a propriedade mais característica da quantidade. Aristóteles adverte que igual e desigual não se dirá a qualidade. Ela é, segundo o estagirita, dita semelhante ou dessemelhante. Pode-se dizer que o igual e o desigual configuram a característica matemática da quantidade, que engendra equivalências e desvalências no interior da categoria, dando nascimento às suas principais possibilidades.

## Comentários ao Capítulo VII

A expressão πρός τι, que se poderia traduzir literalmente por "em relação a algo", introduz o relativo. Para indicar a relação, Aristóteles se valerá ou de πρός seguido de acusativo, ou de um adjetivo, ou de um nome seguido de genitivo ou dativo. Exemplos: ὅμοιον τινι; ἕξις τινος; μεῖζον τινος. Essa variedade morfológica, indicando a relação, põe em relevo o fato de que as categorias de Aristóteles e as categorias da língua grega não coincidem. Há nas categorias de Aristóteles quadros que escapam às relações linguísticas, transcendendo-as.

6a36 — "Dizem-se relativas todas as coisas tais quantas são ditas serem exatamente de outras, ou, de alguma outra forma, em relação a outra."

Com os relativos, Aristóteles introduz em sua tábua categorial, meio de viés, um tipo de articulação que não se coaduna, de modo perfeito, à estrutura preferencial da proposição aristotélica — sujeito + predicado (a esse propósito, ver Introdução). Não se deve, portanto, aceitar, sem restrições, a colocação de T. M. Simpson (1976, p. 43), segundo o qual, no pensamento aristotélico, a forma lógica x > y corresponde, inevitavelmente, ao esquema S é P. De fato, o estagirita não coloca o problema nesses termos. A principal e mais nítida característica do relativo será, precisamente, exigir para a sua correta compreensão a presença do correlativo. Portanto, se digo que A é maior, a frase queda incompreensível. Para compreendê-la, é preciso preenchê-la com o correlativo: A é maior que B (que é menor que A). No caso de uma frase como "Ménon é escravo" — ainda que ela seja inteligível, como observa Ackrill (obra citada, p. 99), a apreensão perfeita do sentido supõe o complemento correlativo. Desse modo, temos que Ménon é escravo de seu senhor (que é senhor do escravo).

De todo modo, há, na própria caracterização que Aristóteles faz dos relativos, dificuldades. Essas se concentram, sobretudo, na segunda parte do trecho que os define: "... ou, de alguma outra forma, em relação a outra". Ademais, os exemplos, longe de esclarecerem, mantêm as razões de nossa perplexidade. Ackrill, nos seus comentários ao capítulo VII, diz:

> Não está claro por que Aristóteles passa a dizer que estado (*state*), condição (*condition*), percepção (*perception*), conhecimento (*knowledge*) e posição (*position*) são relativos. Conhecimento e percepção são conhecíveis e perceptíveis (6b34-36, 7b23). Mas com "estado" [ἕξις, que traduzi por hábito], "condição" [διάθεσις, disposição] e "posição" não é óbvio o que Aristóteles pretende, ao dizer que eles são seguidos de genitivos. O estado (hábito) é necessariamente estado (hábito) de alguém ou de alguma coisa. Mas, se isso era tudo que Aristóteles tinha em mente, ele poderia ser obrigado a tratar todos os termos de não-substância como relativos, uma vez que toda a não-substância deve estar "em" substância.

Não resta dúvida de que o comentador inglês fez adequada observação, ao apontar os problemas da definição dos relativos; aliás, eles constituem o consectário da forma nimiamente aberta que o estagirita deu ao seu critério definidor. Entretanto, essa inserção ontológica e lógica na substância (a que Ackrill se refere) não significa, obviamente, inserção física. O relativo, nesse quadro, não está fisicamente em uma substância, mas surge da comparação entre substâncias.

6a36-6b11 — Sobre o grande e o pequeno, ver 5b15-6a11, e os comentários relativos ao trecho.

6b11-6b15 — Nesse trecho, o filósofo reafirma o caráter relativo da posição. A intenção é sugerir, talvez, que uma oração do tipo "Sócrates está em posição" é tão incompreensível quanto uma que fosse como a seguinte: "A é maior". Quanto à paronímia, obtida por quebras e alterações, ao final dos vocábulos, convém lembrar que fica prejudicada na tradução para o português:

1) posição de decúbito ἀνάκλισις — estar de decúbito ἀνακέκλισθαι;

2) posição de assento κάθεδρα — estar em posição de assento καθῆσθαι;

3) posição de pé στάσις — estar (em posição) de pé ἑστάναι.

6b15 — Não cabe supor que a virtude e o vício sejam relativos entre si. Aristóteles diz, inequivocamente: "[...] sendo cada um desses relativos". Desse modo, não se trata da virtude do vício ou do vício da virtude. Sucede que, sendo a virtude e o vício relativos, em relações distintas, é possível reagrupá-los como opostos. Afinal, no capítulo X, dedicado aos opostos, o filósofo mostra que a oposição (interna) é diferente da simples contrariedade, significando, segundo J. Vuillemin (1967, p. 90), um enfraquecimento dessa.

Ackrill afirma, a propósito desse trecho:

> Não é claro se Aristóteles os classifica como relativos, porque a virtude deve ser a virtude da bravura ou da generosidade, [...], ou se ele quer dizer, de um modo mais geral, que a bondade deve ser a bondade, em alguma coisa, para alguma coisa, em alguma esfera ou capacidade [...].

De fato, a vaguidade do filósofo é aqui patente. Para uma maior discussão dos relativos, remeteria o leitor ao texto de Vuillemin citado anteriormente.

6b28 — Ao encetar esse parágrafo, Aristóteles afirma que "Todos os relativos são ditos em relação a correlativos". Como ficará evidente no parágrafo posterior, é fundamental estabelecer a relação de forma correta, para que essa bilateridade própria à relação seja mantida. Pela última linha do parágrafo ora analisado, é possível concluir que haja relativos que sejam também qualidades, como há os que são quantidades; entretanto, não se pode dizer que haja relativos enquanto substâncias, pois uma substância envolve diversas propriedades e o relativo explicita apenas uma. Assim, o escravo do senhor não é uma substância, nem a substância é tomada como partícipe da relação. Esta será, pois, um resíduo limite, obtido pela abstração. Sobre a exigência de que, para a relação ser corretamente explicitada, o relativo e o correlativo devam ser corretamente dados, ver o item 12 do capítulo VI dos *Tópicos* (149b4-16).

7a5-7a22 — O que mais cabe destacar nesse trecho é o esforço do filósofo em conduzir a sua reflexão lógica a um alto nível de rigor.

Nesse processo, ele chega a deslocar o substrato de seu pensamento, a língua grega, cunhando uma linguagem própria, dentro da língua comum. Assim, de κεφαλή obtém τὸ κεφαλώτον (o que pode ter cabeça). Palavra cunhada pelo estagirita para possibilitar, de forma precisa, a expressão da relação entre a cabeça e o seu correlativo. Procedendo dessa forma, Aristóteles revela maior disposição para criar um léxico próprio do que Platão, mais preso à linguagem comum. No caso desse item, a "substância" (cabeça) entra como um dos lados da relação.

7a22-7b10 — A referência a acidente, nessa passagem, tem mais um sentido puramente lógico que uma importância ontológica. Por exemplo, animal é uma noção meramente acidental, se estiver em referência à relação que se estabelece entre a cabeça e o que tem cabeça. Supondo-se o exemplo de Aristóteles, o do escravo que é dito do senhor, tudo o que acidentalmente se vincular ao escravo e ao senhor se excluirá da relação: animal, homem, cabeludo etc.

7b15-8a13 — A simultaneidade, apesar de caracterizar uma vasta gama de relativos, não os cobre todos. Entretanto, para aqueles relativos que possuem o correlativo simultâneo, não se pode supor a existência isolada de um dos possíveis partícipes da relação. Assim se passa com o dobro e a metade, com o escravo e o senhor. Mas, como nos informa Aristóteles, esse não seria o caso do conhecível e do conhecimento, nem do sensível e da sensação. À parte o interesse lógico desses exemplos, percebe-se, por eles, a precedência, em Aristóteles, do objeto face à sua percepção e ao seu conhecimento.

8al3-8a28 — "Logo, o homem individual não se diz, a partir de alguma coisa, homem individual; nem o boi individual, a partir de alguma coisa, boi individual." O que o filósofo quer realçar, com tal colocação, é que a substância individual é simplesmente completa em sua realidade e na sua apreensão. Assim, se se pergunta — "quem é este?", responde-se — "Sócrates". Ora, essa resposta é completa em significação e inteligibilidade, não demandando genitivo para se completar, ainda que pudesse recebê-lo, circunstancialmente, por exemplo, no caso de Sócrates de Xantipa.

A grande dúvida, no trecho 8a13-8a28, é se se considera a cabeça (específica) como relativo, por exemplo, cabeça de boi. (Sobre a dificuldade em considerar a cabeça como substância, ver comentário ao trecho 3a29-3a33.) Aristóteles cuidou dessa dúvida com manobra que vem deixando, desde a Antiguidade, perplexos os comentadores. O critério apresentado como definidor de relativo — o fato de ser dito em relação a outro — é, de súbito, substituído — algo é relativo pelo fato de apenas existir em relação a outro. Aristóteles passa, dessa forma, do critério do *secundum dici* ao *secundum esse* (8a35): "[...] se alguém conhece, de uma maneira definida, algum dos relativos, conhecerá, de uma maneira definida, aquilo em relação ao que se diz". Traduzindo em figuração formal, teríamos por esse critério *secundum esse*: aRb, em que a e b não existem fora de R; e, também, em que conhecido a, conhece-se b, e vice-versa.

Ackrill chama a atenção, em sua nota ao trecho 8a28-8b25, para a insuficiência também desse critério forte. Diz ele:

> Será, com dificuldade, asseverado que o uso ordinário de "conhecer, de modo definido", garante a distinção, isto é, que alguém familiar com a frase imediatamente veja que "o fato de conhecer, de modo definido, que Cálias é um escravo" implica necessariamente "o fato de conhecer quem é o senhor de Cálias", enquanto "o fato de conhecer, de modo definido, que isto é uma mão" não implica necessariamente "o fato de conhecer de quem é esta mão".

Nesse quadro, é problemático o exemplo de relação apresentado no trecho — cabeça (parte) do animal. A dificuldade vem à tona porque essas partes, dentro do atomismo biológico do filósofo, não podem ser conhecidas fora de seu lugar no todo atuante e vivo. Ora, como conhecer definidamente a mão ou a cabeça do boi, não sendo separáveis, sem conhecer o boi? Conhecida a cabeça ou outra parte do boi, conhece-se o boi? Aliás, na *Metafísica*, 1035b23-25, diz:

> [...] οὐδὲ γὰρ εἶναι δυναται χωριζόμενα.
> οὐ γὰρ ὁ πάντως ἔχων δάκτυλος ζῴου,
> ἀλλ'ὁμώνυμος ὁ τεθνεώς.

> [...] pois não é possível que as partes existam separadas; uma vez que não existe, de modo absoluto, o dedo (separado) do animal, mas o dedo morto é homônimo.

Portanto, o ato de separar equivale a uma alteração fundamental, no caso das partes de um organismo vivo (*Metafísica*, 1036b-30):

> οὐ γὰρ πάντως τοῦ ἀνθρώπου μέρος ἡ
> χείρ, ἀλλ'ἡ δυναμένη τὸ ἔργον ἀποτελεῖν,
> ὥστε ἔμψυχος οὖσα. μὴ ἔμψυχος δὲ οὐ
> μέρος.

Com efeito, a mão não é absolutamente parte do homem, a não ser que seja capaz de realizar atividade, sendo, por conseguinte, viva, e não sendo viva, não é parte do homem.

Asserções desse gênero, que, sem muito buscar, encontramos no conjunto da obra aristotélica, tornam-se escassas no interior dos escritos lógicos, mas, é verdade, mesmo aí podem ser encontradas (*De interpretatione*, 21a23 "[...] é falso dizer que um homem morto é um homem"). Esse fato torna evidente que a questão da separabilidade das partes das substâncias, posta nos capítulos VI e VII do tratado *Categorias*, é abordada, nessa obra, de modo original. Ackrill já o havia observado, sem, contudo, fazer que disso defluísse a sua principal consequência. Na sua observação, o comentador e tradutor inglês capta que, apesar de toda a influência da biologia no tratado *Categorias*, Aristóteles ainda não ascendeu ao "atomismo biológico", sobrelevando, a essa altura, os métodos do anatomista ao do biólogo propriamente dito. Ora, esse registro parece-nos importante numa reconstrução da linha cronológica da produção do filósofo (essa a consequência suprarreferida), a qual aponta para as *Categorias* como um tratado que deve, certamente, ser anterior a todas as obras que reflitam o atomismo biológico. Contra essa posição, todavia, laboram, espécie, genêro e diferença, tal como aparecem no capítulo III das *Categorias* (1b10-25).

## Comentários ao Capítulo VIII

8b25 — No capítulo VIII, Aristóteles discute a qualidade e as suas várias modalidades. A palavra ποιότης teria sido introduzida por Platão, no *Teeteto*, como nos lembra Ackrill.

8b26 — A palavra espécie εἶδος é usada aqui em sentido não biológico e não categorial. A noção de acidente ainda não está, nesse momento, desenvolvida. A despeito disso, Aristóteles, ao nos advertir para a durabilidade maior ou menor de um subgrupo de qualidade, deixa claro que isso não altera a estrutura de uma determinada modalidade de predicação *esse in subjecto* (predicação acidental).

9a14 — A palavra γένος é empregada aqui numa acepção análoga à de εἶδος em 8b26. Pode-se dizer que o fito interno às informações concernentes à classificação das qualidades é indicar que, apesar de umas serem mais permanentes, subsiste o caráter acidental próprio à sua modalidade atributiva. Salta aos olhos, entretanto, que a classificação oferecida por Aristóteles é frágil, configurando um recorte arbitrário e incompleto. Para que se tenha uma ideia da fragilidade, basta indagar o que significa a capacidade natural de lutar. Significa a capacidade de lutar, sem o preparo e o treinamento? Ou a capacidade de adquirir, com mais facilidade, a destreza para a luta, por meio de um treinamento adequado? E o pugilato não seria um exemplo de hábito? E, se for facilmente removível, não será uma modalidade de disposição?

9a28 — Nesse trecho, Aristóteles introduz um terceiro gênero de qualidade, as afetivas e as afecções. A denominação de qualidade afetiva e a de afecção cobrem dois tipos distintos, subsumidos a esse mesmo terceiro gênero. A cada tipo corresponde um critério que o define. Assim, é um primeiro critério a presença de qualidades próprias a produzir afecções (9a28-9b25). Tais qualidades são chamadas de qualidades afetivas.

Um segundo critério diz respeito às qualidades que surgem a partir das afecções. Nesse caso, as qualidades não são produtoras de afecções, mas produtos das afecções.

De 9b19 a 10a10, o filósofo, restringindo o âmbito do terceiro gênero, inclina-se a enfeixar como qualidade somente aqueles estados que tenham origem em afecções inamovíveis e estáveis. De modo contrário ao que já fora dito em 9a28, as afecções são consideradas, não como qualidades, mas em oposição a elas. Se se considera, como muitos fazem, de Gomperz a Brentano, e de Cook a Ackrill, que as categorias de Aristóteles respondem a um sistema de perguntas, compreende-se a observação do último comentador:

> Agora está claro que "ele está ruborizando-se" e "ele está com raiva" não são respostas adequadas à questão "qualis" (como ele é qualificado?), elas dizem mais como ele está sendo afetado.

No trecho 9b19-10a10, ao separar afecção de qualidade, o filósofo mostra que aspectos semelhantes se subsumem a tipos distintos, conforme se refiram à permanência ou à volubilidade. Assim: "[...] nem aquele que ruboriza, por envergonhar-se, diz-se ter a pele vermelha, nem aquele que empalidece, por sentir medo, diz-se ter a pele pálida; mas antes que acabaram de experimentar alguma afecção". Nisso, ou seja, nos limites da permanência ou da mudança, encontram-se questões das mais instigantes e de difícil solução, no estudo das categorias. A afecção, por exemplo, se não for uma qualidade, deve constituir-se em uma categoria autônoma. É preciso, entretanto, reconhecer ser essa dúvida do próprio filósofo — ora ele identifica a afecção à qualidade (9a28), ora (10a10) lhe confere o *status* de categoria autônoma, o que dá margem, justificadamente, a perplexidades.

10a11-10a16 — σχῆμα (figura), μορφή (forma) e εἶδος (espécie) são noções próximas. As duas primeiras constituem o quarto gênero de qualidade, enquanto a última é substância, sendo, ao menos em um certo sentido, uma qualidade (3b15).

Σχῆμα — a palavra é formada a partir do verbo ἔχειν, sendo σχ uma de suas raízes. Ela significa aquilo que é retido, o mínimo de completude dos contornos de um objeto. É, como sugere Ackrill, uma referência a contornos de natureza puramente geométrica.

Μορφή (forma) — significa os contornos meramente externos do objeto, e "il pourrait être rendu par configuration", segundo Hamelin, citado por Tricot em sua tradução das *Categorias* (1977, p.78).

Εἶδος (espécie) — é a imagem, que é vista, refletida, é o duplo. Essa noção adquire talhe especial no tratado *Categorias*, já na luta de Aristóteles contra a doutrina de seu mestre. O estagirita dota-a de elevado nível de concretude, influenciado pelo paradigma biológico.

10a16 — O ralo e o denso não significariam qualidade, mas antes uma certa posição entre as partes. Considerando que em 4b20 a posição aparece como constituinte da quantidade contínua e que em 6b11 aparece como pertencendo aos relativos, pergunta-se: é neles que se devem incluir o ralo e o denso? Relacionam-se o ralo e o denso com a quantidade? A mesma dúvida poderia ser levantada, ao se tratar da figura e da forma (10a11-16), também qualidades.

10a27 — Sobre a paronímia ver comentários ao capítulo I.

10b12 — Relevante notar, nesse trecho, ao se fazer sua leitura, que só há contrariedade dentro de um mesmo tipo lógico, no caso, a qualidade. Aliás, para haver contrariedade é necessário que os atributos sejam incoexistíveis. Assim, sabemos que o branco é contrário ao negro, pois uma área branca não pode ser simultaneamente branca e negra, embora possa ser branca e úmida. Aristóteles, porém, simplesmente registra a contrariedade e os contrários dentro de um grande tipo lógico, sem indagar de seus fundamentos.

10b26-11a5 — O trecho em exame não deixa dúvidas a respeito do fato de as qualidades admitirem o mais e o menos, ou seja, a intensidade. Aqui o filósofo simplesmente nos informa de um debate, sem que ele próprio se comprometa com alguma das posições envolvidas.

11a5-11a20 — Supostas as presenças de duas substâncias, só se poderá falar de semelhança após operações analíticas que isolem esse grande predicado que é a qualidade, em alguma de suas figuras: cor, forma etc.

11a20 — Curioso notar, nesse trecho, que a flexibilidade aristotélica é grande: poderia haver noções subsumíveis a mais de uma categoria, por exemplo, à qualidade e aos relativos: "(11a37) Demais, se suceder que uma mesma coisa seja qualidade e relativo, não é nenhum absurdo que ela seja vista como pertencente a ambos os gêneros". O mais problemático é a afirmação de que o gênero seria relativo e a espécie, não; ou seja, a propriedade do gênero (de ser relativo) de modo algum estaria presente na espécie. De fato, isso contraria o modo de hierarquizar as categorias — do indivíduo, passando pela espécie, ao gênero — em que há identidade entre o indivíduo e a espécie, entre o indivíduo e o gênero, entre a espécie e o gênero. Segundo Ackrill, a dificuldade emerge pela tentativa de decompor em categorias de gênero e de espécie expressões como conhecimento da gramática, que seriam, em verdade, indecomponíveis. Enfim, a expansão do modelo biológico, que orienta a confecção do tratado, encontraria resistência em determinados objetos.

## Comentários ao Capítulo IX

Poucas novidades vêm à tona nesse capítulo. Minio-Paluello coloca em suspeição a autenticidade desse trecho.

As categorias aqui mencionadas já foram objeto de apresentação no capítulo IV.

## Comentários ao Capítulo X

11b17 — Essa classificação quaternária é comum na obra de Aristóteles. A esse propósito, ver *Tópicos* (114a e 136), *Metafísica* (1081a20, 1054a23, 1055a38, 1057a33).

11b38 — O verbo ὑπάρχειν foi traduzido por subsistir. Evitei traduzi-lo por pertencer, pois a relação de pertinência não estaria presente na cópula aristotélica, conforme nos mostrou Vuillemin (1967, p. 36).

12a25-12a35 — Sobre a privação e a posse, para comparar, consultar a *Metafísica* (1046a31-35).

12a35-12b11 — Tratamento semelhante ao indicado, nesse

parágrafo, pode ser visto em 6b11 e no *Teeteto* de Platão (156e). Com efeito, trata-se de derivação paronímica, cujas operações supõem qualidade, quando ocorre a posse ou a privação. Afinal, o que Aristóteles propõe é um certo operador (ἐν — em sujeito) capaz de mostrar a relação entre ser cego e a cegueira, no interior da proposição, tornando essas expressões intercambiáveis. Nesse quadro, seriam equivalentes as proposições:

Homero é cego.
A cegueira está em Homero.

Na passagem que vai de 6b11 a 6b15, a natureza das operações paronímicas não é a mesma, pois revela um outro tipo categorial com implicações ontológicas diversas. Esse tipo categorial é a posição. Desse modo, em face da proposição "Sócrates está de pé", a equivalência não é obtida pelo operador "em", pois não se trata, em tal caso, de dizer "a posição de pé está em Sócrates", ou seja, a natureza dessa categoria é tal que exige um modo de expressão próprio. Fica claro, pois, ser a posição, como tipo categorial autônomo, irredutível à qualidade.

12b26 — Como está dito em 11b38-12a25, há basicamente dois tipos de contrários:

1) Aqueles que não admitem intermediários — nesse caso, o sujeito que os detiver deterá um ou outro.
2) Aqueles que admitem intermediários. Nesse caso, o sujeito não terá restritas suas possibilidades entre um e outro.

Pode acontecer de um predicado admitir abstratamente a contrariedade (frio—quente; branco—preto), sem que, de fato, ela possa surgir, em virtude de vinculação única a um dos contrários, exigida pela natureza do sujeito envolvido. Exemplos: o gelo é frio; o fogo é quente.

A posse e a privação figurariam no segundo tipo de contrários. Ackrill sugere que essa análise aristotélica poderia ser "much more perspicuous if expressed in modern logical symbolism" ("muito mais clara se expressa no moderno simbolismo lógico"). A questão mais relevante, parece-nos, entretanto, a suscitada por proposições como as citadas no parágrafo acima. O predicado frio (qualidade) está no sujeito (gelo), de uma forma tão entranhada que sugere a relação da substância segunda à primeira. Mas bem se poderia ler esses dados diferentemente — o gelo não é substância, por contrariar a receptividade de contrários que lhe é característica. Essa alternativa, porém, é forçada, pois a receptividade deve persistir em face de outros predicados contrários.

13a37-13a12— A questão, segundo a qual unicamente os enunciados declarativos (proposições, sentenças) podem receber valores de verdade, é colocada, de modo mais desenvolvido, em *De interpretatione* (17b29-30, 18a31-32).

Sobre a complexão (συμπλοκή) ver *Categorias* (1a6-20, 2a4-11) e *De interpretatione* (16a9-18; 17a17-20). Tenha-se sempre presente que os termos categoriais isolados, se, por um lado, nada afirmam, por outro, estão cheios de significação básica e fundamental. A esse propósito, vale o trecho que vai de 1b10 a 2a10, nas *Categorias* e, em *De interpretatione*, as passagens 16a9-18 e 17a17-20.

13b12 — Dado um par de proposições — a afirmativa e a negativa —, uma delas será falsa e a outra verdadeira, sempre

> ([...] no caso da afirmação e da negação sempre, se ele existe ou não existe, um dos discursos será falso e o outro será verdadeiro. Assim, [...] "Sócrates é doente" e "Sócrates não é doente", se ele existe, é evidente que um deles é verdadeiro ou falso).

De fato, o específico da solução aristotélica é a incidência da negação sobre a existência do sujeito. Desse modo, a frase "Sócrates não está doente" será verdadeira, não existindo Sócrates. Existindo, ela poderá ser falsa, se Sócrates estiver doente; e verdadeira, se Sócrates estiver são. Nesse caso, a negação incidirá sobre o predicado. Há, pois, trânsito da negação, pois ora ela incide sobre a existência do sujeito, ora sobre o predicado.

## Comentários ao Capítulo XI

13b36 — Fazendo parte dos *postpraedicamenta*, a contrariedade aparece, nos *Tópicos*, como um dos lugares do discurso, isto é, como uma das figuras que aparecem na construção do discurso. A propósito, é referência o livro II, 7 (112b,113a,b). De modo mais próximo, o conteúdo do trecho 13b36-14a15 é discutido na *Ética a Nicômaco* (11,8).

14a5-14a15 — A discussão dos contrários é importante na

cunhagem do princípio da contradição. Nesse ponto, pode-se dizer que o princípio encontra já nesse trecho uma de suas formulações, embora precária. Precária, porque a sua formulação não ficou restrita à contrariedade ante um mesmo aspecto, ainda que já se formule que a contrariedade deva existir apenas para contrários que se deem simultaneamente. A formulação plena do princípio acontecerá na *Metafísica* (1005b30).

14a20-25 — Em 6a11-6a19, Aristóteles definiu como contrárias "[...] as coisas mais distantes umas das outras, das que estão no mesmo gênero [...]". Entretanto, é no capítulo XI, dedicado à contrariedade, que as coisas contrárias têm o seu espaço delimitado, de forma mais generosa: "E é necessário que todos os contrários estejam no mesmo gênero ou em gêneros contrários, ou sejam eles próprios gêneros". Esse campo de aplicação da contrariedade é, por exemplo, o mesmo que vemos nos *Tópicos* (123b1-9) ou na *Metafísica* (1018B25-35). Para compreender essa passagem, é preciso entender que a palavra gênero assume aqui uma significação distinta daquela que lhe reservou o capítulo V. Não se trata, portanto, de substância segunda, mas de um grupo em que se enfeixam predicados, ao menos, em alguma medida, similares. É verdade, entretanto, que esse gênero poderá ser uma qualidade, e, como tal, participar de uma proposição, de modo semelhante a uma substância. Vejam-se as proposições seguintes:

> Sócrates é homem.
> O branco é uma cor.
> O preto é uma cor.

Observa-se que elas mantêm uma mesma simetria, com o sujeito fixando o mais particular por oposição à generalidade indicada pelo predicado. Temos aí, porém, a despeito do que é simétrico, uma diferença que poderia surpreender o filósofo: essas proposições são, enquanto proposições, semelhantes, mas, analiticamente, os seus elementos constitutivos não se confundem. Com efeito, são muito distintos, pois na primeira se pode ver a forma canônica do *lógos* aristotélico (substância + predicado), enquanto nas outras, não. Trata-se, com efeito, considerada a internidade, de um novo tipo de proposição, a respeito do qual não teorizou Aristóteles. É esse novo tipo que também cobre as proposições em que o bom e o mau aparecem como gênero. Essas podem ser localizadas não só no trecho ora examinado, como nos *Tópicos* 107a3-17 e na *Ética a Nicômaco*

1096a23-29. Nesse quadro, analisemos uma frase autorizada pela passagem dos *Tópicos* acima indicada:

A justa medida é um bem.

Nela, o predicado (bem) aparece como gênero de uma categoria, a quantidade, que é, no caso, o sujeito. Disso decorre que as propriedades da proposição em exame seriam muito próximas das da proposição seguinte:

O três é um número.

Aqui tanto o sujeito quanto o predicado exprimem uma mesma categoria, que é a quantidade. Na primeira, o sujeito é, segundo Aristóteles (107a10), uma quantidade, e o gênero também, pois o gênero de uma categoria deve ser dessa mesma categoria ou "deveria sê-lo", segundo o esquema das categorias. Do contrário, teríamos proposições que assumissem formas impensáveis:

quantidade — tempo
quantidade — qualidade
lugar — tempo

O que aproxima as proposições referidas anteriormente é a identidade que deve haver entre o sujeito e o predicado, análoga à identidade essencial que vincula a substância primeira à segunda (Sócrates ao homem). Em todo caso, deve-se ter presente que, observando-se rigorosamente a tábua das categorias, no tratado e alhures, não há lugar para elas. Assim, alcança-se aqui pela tábua, no limite, o absurdo.

## Comentários ao Capítulo XII

Na *Metafísica* (V,11), temos importante referência à anterioridade. Sobre a aplicação desse topos à teoria da definição e da demonstração, consultar os *Tópicos* (141a-142b). Nesse caso, são importantes o segundo e o terceiro tipos de anterioridade.

O segundo tipo é relevante na constituição da definição, quando esta for possível a partir do que é mais simples. E este é o caso das entidades geométricas, cosmo que não é propriamente o aristotélico.

Para essas, anterior é o que é mais simples, sendo, por isso mesmo, mais conhecido que o posterior, que será o mais complexo ou, como diz o filósofo, em passagem dos *Tópicos* (141 b):

> [...] no sentido absoluto, o anterior é mais conhecido que o posterior, o ponto que a linha, a linha que a superfície, e a superfície que o sólido.

Pelo dito nesse trecho, fica claro que, à medida que cresce a complexidade do objeto, crescem necessariamente as dificuldades de sua apreensão.

O terceiro tipo de anterioridade é de relevância no processo demonstrativo. Aliás, uma passagem do trecho 14a26-14b9 esclarece: "[...] em terceiro lugar, o anterior é dito, segundo uma certa ordem, como nas ciências e nos discursos. Com efeito, nas ciências demonstrativas, o anterior e o posterior subsistem na ordem". Entretanto, é mister reconhecer que o segundo tipo também encerra uma certa ordem, calcada no aumento da complexidade, ainda que seja precisamente isso que o distinga enquanto tipo de anterioridade.

14b9 — De certa forma, esse trecho das *Categorias* antecipa outros referentes à concepção de verdade do estagirita, como os de *De interpretatione* (18a34-b9) e da *Metafísica* (1051b6-8):

> [...] ἀλήθευει μὲν ὁ τὸ διῃρημένον διόμενος
> διῃρῆσθαι καὶ τὸ συγκείμενον συγκεῖσθαι,
> ἔψευσται δὲ ὁ ἐναντίως ἔχων ἢ τὰ πράγματα, [...].

> [...] está com a verdade o que pensa que o separado está separado, e o composto composto; e está com a falsidade o que retém os fatos de modo contrário; [...].

## Comentários ao Capítulo XIII

A simultaneidade deve ser examinada, para maior realce, em contraposição à anterioridade e à posterioridade, pois o que nem é anterior nem é posterior deve ser simultâneo. Há dois tipos de coisas simultâneas: as que têm gênese num mesmo tempo e as que são simultâneas por natureza. Essas últimas são relevantes nos esclarecimentos dos relativos.

Por natureza são simultâneas todas as coisas quantas se correlacionam, pela sequência da existência, e, de nenhum modo, uma é causa de a outra existir, como no caso do dobro e da metade.

Portanto, a simultaneidade por natureza é fundamental na fixação dos relativos e correlativos, aos quais deve ser ínsito um imbricamento existencial que exclua o fato de um, preexistindo, ser a causa da existência do outro. É fácil ver que não pode haver dobro que não seja contemporâneo à sua respectiva metade. Entretanto, esse fato, por si só, é insuficiente para caracterizar o simultâneo por natureza e, por conseguinte, a correlação.

Tendo considerado que tanto a simultaneidade quanto a posterioridade e a anterioridade informam a ordem, Jules Vuillemin, em seu recorrido ensaio "Le système des catégories", ao enfeixar o que é próprio do capítulo XII e o que é próprio do capítulo XIII em um mesmo quadro sintético, diz:

> Aristóteles distingue, portanto, cinco classes de ordem:
>
> 1º) o simultâneo daquilo que não é suscetível de contrários (dobro/metade) e que recobre a oposição de relação;
>
> 2º) o simultâneo daquilo que é suscetível de contrários (diferenças);
>
> 3º) o anterior/posterior daquilo que não é suscetível de contrários;
>
> 4º) o anterior/posterior daquilo que é suscetível de contrários (gênero/diferença);
>
> 5º) uma classe especial ou mista (relações por meio da inteligência).

À guisa de esclarecimento, cabem algumas palavras a respeito dessa última classe. Ela é dita mista, porque é informada tanto pelo simultâneo quanto pelo anterior e pelo posterior, sucedendo, pois, a sua constituição a partir de uma origem mista. Exemplo dessa classe é o seguinte (14b9):

> [...] o ser homem correlaciona-se, segundo a sequência da existência, com o discurso verdadeiro a respeito dele. Se, com efeito, existe o homem, é verdadeiro o discurso pelo qual dizemos que existe o homem.

Entretanto, há também, no caso, anterioridade e posterioridade, porque é o fato concreto (a existência do homem) que aparece como causa da verdade do discurso.

## Comentários ao Capítulo XIV

O tema do movimento é capital na obra de Aristóteles. Pode-se dizer que ele constitui um dos campos privilegiados de embate com Platão. Ora, o estagirita vê como dificuldade marcante da teoria do mestre exatamente a relação entre as ideias e o sensível na explicação do movimento. A sua perplexidade é mais ou menos a seguinte: por que modo o mundo perfeito das ideias atua no sensível, quando há movimento?

O capítulo XIV pode ser considerado muito superficial no tratamento do tema. De fato, o movimento deve ser objeto da Física e não de um tratado em que as preocupações lógicas são o que importa. A despeito do que acaba de ser dito, é pertinente a juntada ao corpo do tratado desse trecho, seja apócrifo ou não? A consistência desse fato só pode residir na sugestão de que existe um vínculo fundo entre as figuras categoriais e o movimento, ou, simplesmente, de que a tábua das categorias acolhe o movimento. Entretanto, o tratamento excessivamente rudimentar do tema induz-nos a ver com certo estranhamento a anexação do capítulo XIV ao texto das *Categorias*.

Na *Física* (200b33), Aristóteles mostra que os movimentos atingem diretamente as categorias: à substância, gênese e destruição; à qualidade, alteração; e ao lugar, a mudança segundo o lugar.

Só essas colocações, que não existem nas *Categorias*, tornam evidente o nexo entre a tábua das categorias e as formas de movimento.

Ainda na *Física* (260a7-b7), Aristóteles afirma que a alteração pressupõe a mudança segundo o lugar. Não haveria, entretanto, contradição em face do que está posto nas *Categorias*. A esse propósito, diz Ackrill:

> Aristóteles argumenta que a mudança de lugar é pressuposta pela alteração e que a alteração é pressuposta pelo aumento; mas essa tese não conflita com a presente passagem, segundo a qual os seis tipos de movimento são todos distintos entre si e o que está se passando a um não está necessariamente se passando a outro.

Há, a despeito das abalizadas ponderações do comentador inglês, muita vaguidade na redação desse capítulo das *Categorias* que, de nenhum modo, deixa claro se o fato de um movimento distinguir-se de outro importa que ele, para ser possível, prescinda totalmente de qualquer outra forma cinética.

## Comentários ao Capítulo XV

Em 105a20-105b, nos *Tópicos*, Aristóteles coloca como um dos instrumentos dialéticos a distinção dos vários sentidos de um determinado termo. No capítulo XV, o que se vê é a simples aplicação desse instrumento. A categoria do ter, entretanto, não é explorada no texto. Assim, do ponto de vista da estrutura do tratado, de sua consistência interna e de sua finalidade, pode-se dizer que pouco se ganha com o capítulo em exame.

Portanto, aqueles que — como Dupréel (*Aristote et le traité des catégories*) — não admitem do mestre senão a obra perfeita veem aqui um forte indício da inautenticidade do tratado, ou, pelo menos, do capítulo examinado.

❖

# Bibliografia fundamental utilizada


Aristóteles. *Aristotelis Opera*. Berlin: Ed. Bekker, 1831. Texto grego.

Aristotle. The categories. Tradução de Ella Mary Edghill. In: Ross, W.D. (Org.). *The works of Aristotle translated into English*. v.1, Oxford: Clarendon Press, 1928.

Aristotle. *The works of Aristotle translated into English*. Oxford: Clarendon Press, 1928.

Aristotle. *The categories*. Tradução de H. P. Cooke. London. Loeb Classical Library, 1938.

Aristotele. *Organon*. Introduzione, traduzione e note di Colli. Torino: Giulio Enaudi, 1955 (v. 1: Classici della Filosofia).

Aristotelis. *Categoriae et liber de interpretatione*. Notas críticas de Lorenzo Minio-Paluello. Oxford: Clarendon Press, 1956.

Aristotle. *Categories and De interpretatione*. Tradução de J. L. Ackrill. Oxford: Clarendon Press, 1962.

Aristóteles. *Categorias*. Tradução de Mario Ferreira dos Santos. São Paulo: Matese, 1965.

Aristote. *Catégories*. Texto estabelecido e traduzido por R. Bodéüs. Paris: Belles Lettres, 2001.

Aristóteles. *Categorias*. Tradução de Francisco de P. Samaranch. Buenos Aires: Ed. Aguillar, 1971.

Aristote. *Organon*. Tradução de J. Tricot. Paris: Vrin, 1977.

Aristote. *Topiques*. Établi et traduit par Jacques Brunschwig. Paris: Les Belles Lettres, 1982.

ARISTÓTELES. *Metafísica*. Edición trilingue de Vallentin Garcia Yebra. Madrid: Editorial Gredos, 1982.

ARISTÓTELES. *Categorias. Tópicos. Sobre las Refutaciones Sofísticas*. Tradução para o espanhol de Miguel Candel Sanmartin. Madrid: Editorial Gredos, 1988.

PLATON. *Le sophiste. Théétete. Parménide. Le Politique*. Textos estabelecidos e traduzidos por Auguste Dies. Paris: Les Belles Lettres, 1935.

PRÉ-SOCRÁTICOS. *Os filósofos pré-socráticos*. Organização e comentários de G. Kirk e J. Raven. Lisboa: Calouste Gulbenkian, 1979.

# Referências


ACKRILL, J. C. *Categories and De interpretatione*. Oxford: Clarendon Press, 1962.

AUBENQUE, P. et alii. *Concepts et catégories dans la pensée antique*. Paris: Vrin, 1987.

BALME, D. M. Aristotle's use of differentiae in zoology. In: BARNES, J. et alii. (Org.). *Articles on Aristotle's Science*. Duckwortle, 1975.

BENVENISTE, E. *Problemas de lingüística geral*. Tradução de Maria da Glória Novak e Luiza Neri. São Paulo: Companhia Editora Nacional. Edusp, 1976.

BONITZ, H. *Index Aristotelicus*. Graz: Secunda Editio. Akademische Druck v. Verlagsanstalt, 1975.

BRENTANO, Tradução para o inglês de Rolf George. *On: The several senses of being in Aristotle*. Berkeley: University of California Press, 1979.

CORNFORD, F. M. *Plato's theory of knowledge*. Indianapolis: Bobs-Merril, 1934.

DELAMARRE, A. La Notion de πτῶσις chez Aristote et les stoïciens. In: AUBENQUE, P. *Concepts et catégories dans la pensée antique*. Paris: Vrin, 1987.

DE STRICKER, *La notion aristotélicienne de séparation (dans son aplication aux idées de Platon)*. Publications universitaires de Louvain, Louvain, 1955.

DUPRÉEL, E. *Aristote et le traité des catégories*. Archiv für Geschichte der Philosophie. Band 22, 1909.

FESTUGIÈRE, A. J. Antisthenica. *Revue des Sciences Philosophiques et Théologiques*. Paris: Vrin, 1931.

GILLESPIE, C. M. The aristotelian categories. *Classical Quarterly*, v. 19, 1925.

GOMPERZ, Theodor. *Pensadores griegos*. Asunción del Paraguay: Editorial Guarania, 1955.

HAMELIN, O. *Le système d'Aristote*. Paris: Felix Alcan, 1931.

HEGEL, G. W. F. *Vorlesungen über die Geschichte der Philosophie II*. In: Hrgb. VON MOLDENHAUER, E.; MICHEL, K. M. Band 19. Frankfurt: A. M. Suhrkamp, 1971. (Werke in zwanzig Bänden).

KNEALE, Martha; KNEALE, William. *O desenvolvimento da lógica*. 2. ed. Lisboa: Calouste Gulbenkian, 1980.

LE BLOND, J. M. *Logique e méthode chez Aristote*. 3. ed. Paris: Vrin, 1973.

MAGALHÃES-VILHENA, V., *O problema de Sócrates*. Lisboa: Calouste Gulbenkian, 1952.

O'BRIEN, Denis. *Aristote*: *quantité et contrariété*. In: AUBENQUE, P. et al. Paris: Vrin, 1987.

PORFÍRIO. *Isagoge et in Aristotelis Categorias Commentarium*. Berlim: A. Busse, 1887. (Commentaria in Aristotelem Graeca, IV).

PRANTL, C. von. *Geschichte der Logik im Abendlande*. Band I. Die Entwicklung der Logik im Altertum. Leipzig: 1855.

REALE, Giovanni. Filo conduttore grammaticale e filo conduttore ontologico nella deduzione delle categorie aristoteliche. *Rivista de Filosofia Neo-scolastica*, n. 49 [s.l.: s.d.].

RIJK, L. M. The autenticity of Aristotle's categories. *Mnemosyne*. Set. IV. 4, 1951.

RIJK, L. M. *The place of the categories of being in Aristotle's philosophy*. Assen: Biblioteca Classica, 1952.

SIMPSON, T. M. *Linguagem, realidade e significado*. 1. ed. São Paulo: Edusp / Francisco Alves, 1976.

VUILLEMIN, J. *De la logique à la théologie*. Paris: Flamarion, 1967.

TRENDLENBURG, F. A. *Historische Beiträge zur Philosophie*, Bd. I, Geschichte der Kategorienlehre. Zwei Abhanglungen: I. Aristoteles Kategorienlehre (p. 1-195); II. Die Kategorienlehre in der Geschichte der Philosophie (p. 196-380), Berlin, 1846.

❖

## *O objetivo, a filosofia e a missão da Editora Martin Claret*

O principal objetivo da Martin Claret é contribuir para a difusão da educação e da cultura, por meio da democratização do livro, usando os canais de comercialização habituais, além de criar novos.

A filosofia de trabalho da Martin Claret consiste em produzir livros de qualidade a um preço acessível, para que possam ser apreciados pelo maior número possível de leitores.

A missão da Martin Claret é conscientizar e motivar as pessoas a desenvolver e utilizar o seu pleno potencial espiritual, mental, emocional e social.

O livro muda as pessoas. Revolucione-se: leia mais para ser mais!

MARTIN CLARET

# Relação dos Volumes Publicados

1. **Dom Casmurro**
*Machado de Assis*
2. **O Príncipe**
*Maquiavel*
3. **Mensagem**
*Fernando Pessoa*
4. **O Lobo do Mar**
*Jack London*
5. **A Arte da Prudência**
*Baltasar Gracián*
6. **Iracema / Cinco Minutos**
*José de Alencar*
7. **Inocência**
*Visconde de Taunay*
8. **A Mulher de 30 Anos**
*Honoré de Balzac*
9. **A Moreninha**
*Joaquim Manuel de Macedo*
10. **A Escrava Isaura**
*Bernardo Guimarães*
11. **As Viagens - "Il Milione"**
*Marco Polo*
12. **O Retrato de Dorian Gray**
*Oscar Wilde*
13. **A Volta ao Mundo em 80 Dias**
*Júlio Verne*
14. **A Carne**
*Júlio Ribeiro*
15. **Amor de Perdição**
*Camilo Castelo Branco*
16. **Sonetos**
*Luís de Camões*
17. **O Guarani**
*José de Alencar*
18. **Memórias Póstumas de Brás Cubas**
*Machado de Assis*
19. **Lira dos Vinte Anos**
*Álvares de Azevedo*
20. **Apologia de Sócrates / Banquete**
*Platão*
21. **A Metamorfose/Um Artista da Fome/Carta a Meu Pai**
*Franz Kafka*
22. **Assim Falou Zaratustra**
*Friedrich Nietzsche*
23. **Triste Fim de Policarpo Quaresma**
*Lima Barreto*
24. **A Ilustre Casa de Ramires**
*Eça de Queirós*
25. **Memórias de um Sargento de Milícias**
*Manuel Antônio de Almeida*
26. **Robinson Crusoé**
*Daniel Defoe*
27. **Espumas Flutuantes**
*Castro Alves*
28. **O Ateneu**
*Raul Pompeia*
29. **O Noviço / O Juiz de Paz da Roça / Quem Casa Quer Casa**
*Martins Pena*
30. **A Relíquia**
*Eça de Queirós*
31. **O Jogador**
*Dostoiévski*
32. **Histórias Extraordinárias**
*Edgar Allan Poe*
33. **Os Lusíadas**
*Luís de Camões*
34. **As Aventuras de Tom Sawyer**
*Mark Twain*
35. **Bola de Sebo e Outros Contos**
*Guy de Maupassant*
36. **A República**
*Platão*
37. **Elogio da Loucura**
*Erasmo de Rotterdam*
38. **Caninos Brancos**
*Jack London*
39. **Hamlet**
*William Shakespeare*
40. **A Utopia**
*Thomas More*
41. **O Processo**
*Franz Kafka*
42. **O Médico e o Monstro**
*Robert Louis Stevenson*
43. **Ecce Homo**
*Friedrich Nietzsche*
44. **O Manifesto do Partido Comunista**
*Marx e Engels*
45. **Discurso do Método / Regras para a Direção do Espírito**
*René Descartes*
46. **Do Contrato Social**
*Jean-Jacques Rousseau*
47. **A Luta pelo Direito**
*Rudolf von Ihering*
48. **Dos Delitos e das Penas**
*Cesare Beccaria*
49. **A Ética Protestante e o Espírito do Capitalismo**
*Max Weber*
50. **O Anticristo**
*Friedrich Nietzsche*
51. **Os Sofrimentos do Jovem Werther**
*Goethe*
52. **As Flores do Mal**
*Charles Baudelaire*
53. **Ética a Nicômaco**
*Aristóteles*
54. **A Arte da Guerra**
*Sun Tzu*
55. **Imitação de Cristo**
*Tomás de Kempis*
56. **Cândido ou o Otimismo**
*Voltaire*
57. **Rei Lear**
*William Shakespeare*
58. **Frankenstein**
*Mary Shelley*
59. **Quincas Borba**
*Machado de Assis*
60. **Fedro**
*Platão*
61. **Política**
*Aristóteles*
62. **A Viuvinha / Encarnação**
*José de Alencar*
63. **As Regras do Método Sociológico**
*Émile Durkheim*
64. **O Cão dos Baskervilles**
*Sir Arthur Conan Doyle*
65. **Contos Escolhidos**
*Machado de Assis*
66. **Da Morte / Metafísica do Amor / Do Sofrimento do Mundo**
*Arthur Schopenhauer*
67. **As Minas do Rei Salomão**
*Henry Rider Haggard*
68. **Manuscritos Econômico-Filosóficos**
*Karl Marx*
69. **Um Estudo em Vermelho**
*Sir Arthur Conan Doyle*
70. **Meditações**
*Marco Aurélio*
71. **A Vida das Abelhas**
*Maurice Materlinck*
72. **O Cortiço**
*Aluísio Azevedo*
73. **Senhora**
*José de Alencar*
74. **Brás, Bexiga e Barra Funda / Laranja da China**
*Antônio de Alcântara Machado*
75. **Eugênia Grandet**
*Honoré de Balzac*
76. **Contos Gauchescos**
*João Simões Lopes Neto*
77. **Esaú e Jacó**
*Machado de Assis*
78. **O Desespero Humano**
*Sören Kierkegaard*
79. **Dos Deveres**
*Cícero*
80. **Ciência e Política**
*Max Weber*
81. **Satíricon**
*Petrônio*
82. **Eu e Outras Poesias**
*Augusto dos Anjos*
83. **Farsa de Inês Pereira / Auto da Barca do Inferno / Auto da Alma**
*Gil Vicente*
84. **A Desobediência Civil e Outros Escritos**
*Henry David Toreau*
85. **Para Além do Bem e do Mal**
*Friedrich Nietzsche*
86. **A Ilha do Tesouro**
*R. Louis Stevenson*
87. **Marília de Dirceu**
*Tomás A. Gonzaga*
88. **As Aventuras de Pinóquio**
*Carlo Collodi*
89. **Segundo Tratado Sobre o Governo**
*John Locke*
90. **Amor de Salvação**
*Camilo Castelo Branco*
91. **Broquéis/Faróis/ Ultimos Sonetos**
*Cruz e Souza*
92. **I-Juca-Pirama / Os Timbiras / Outros Poemas**
*Gonçalves Dias*
93. **Romeu e Julieta**
*William Shakespeare*
94. **A Capital Federal**
*Arthur Azevedo*
95. **Diário de um Sedutor**
*Sören Kierkegaard*
96. **Carta de Pero Vaz de Caminha a El-Rei Sobre o Achamento do Brasil**
97. **Casa de Pensão**
*Aluísio Azevedo*
98. **Macbeth**
*William Shakespeare*

99. **Édipo Rei/Antígona**
*Sófocles*

100. **Lucíola**
*José de Alencar*

101. **As Aventuras de Sherlock Holmes**
*Sir Arthur Conan Doyle*

102. **Bom-Crioulo**
*Adolfo Caminha*

103. **Helena**
*Machado de Assis*

104. **Poemas Satíricos**
*Gregório de Matos*

105. **Escritos Políticos / A Arte da Guerra**
*Maquiavel*

106. **Ubirajara**
*José de Alencar*

107. **Diva**
*José de Alencar*

108. **Eurico, o Presbítero**
*Alexandre Herculano*

109. **Os Melhores Contos**
*Lima Barreto*

110. **A Luneta Mágica**
*Joaquim Manuel de Macedo*

111. **Fundamentação da Metafísica dos Costumes e Outros Escritos**
*Immanuel Kant*

112. **O Príncipe e o Mendigo**
*Mark Twain*

113. **O Domínio de Si Mesmo Pela Auto-Sugestão Consciente**
*Émile Coué*

114. **O Mulato**
*Aluísio Azevedo*

115. **Sonetos**
*Florbela Espanca*

116. **Uma Estadia no Inferno / Poemas / Carta do Vidente**
*Arthur Rimbaud*

117. **Várias Histórias**
*Machado de Assis*

118. **Fédon**
*Platão*

119. **Poesias**
*Olavo Bilac*

120. **A Conduta para a Vida**
*Ralph Waldo Emerson*

121. **O Livro Vermelho**
*Mao Tsé-Tung*

122. **Oração aos Moços**
*Rui Barbosa*

123. **Otelo, o Mouro de Veneza**
*William Shakespeare*

124. **Ensaios**
*Ralph Waldo Emerson*

125. **De Profundis / Balada do Cárcere de Reading**
*Oscar Wilde*

126. **Crítica da Razão Prática**
*Immanuel Kant*

127. **A Arte de Amar**
*Ovídio Naso*

128. **O Tartufo ou O Impostor**
*Molière*

129. **Metamorfoses**
*Ovídio Naso*

130. **A Gaia Ciência**
*Friedrich Nietzsche*

131. **O Doente Imaginário**
*Molière*

132. **Uma Lágrima de Mulher**
*Aluísio Azevedo*

133. **O Último Adeus de Sherlock Holmes**
*Sir Arthur Conan Doyle*

134. **Canudos - Diário de Uma Expedição**
*Euclides da Cunha*

135. **A Doutrina de Buda**
*Siddharta Gautama*

136. **Tao Te Ching**
*Lao-Tsé*

137. **Da Monarquia / Vida Nova**
*Dante Alighieri*

138. **A Brasileira de Prazins**
*Camilo Castelo Branco*

139. **O Velho da Horta/Quem Tem Farelos?/Auto da Índia**
*Gil Vicente*

140. **O Seminarista**
*Bernardo Guimarães*

141. **O Alienista / Casa Velha**
*Machado de Assis*

142. **Sonetos**
*Manuel du Bocage*

143. **O Mandarim**
*Eça de Queirós*

144. **Noite na Taverna / Macário**
*Álvares de Azevedo*

145. **Viagens na Minha Terra**
*Almeida Garrett*

146. **Sermões Escolhidos**
*Padre Antonio Vieira*

147. **Os Escravos**
*Castro Alves*

148. **O Demônio Familiar**
*José de Alencar*

149. **A Mandrágora / Belfagor, o Arquidiabo**
*Maquiavel*

150. **O Homem**
*Aluísio Azevedo*

151. **Arte Poética**
*Aristóteles*

152. **A Megera Domada**
*William Shakespeare*

153. **Alceste/Electra/Hipólito**
*Eurípedes*

154. **O Sermão da Montanha**
*Huberto Rohden*

155. **O Cabeleira**
*Franklin Távora*

156. **Rubáiyát**
*Omar Khayyám*

157. **Luzia-Homem**
*Domingos Olímpio*

158. **A Cidade e as Serras**
*Eça de Queirós*

159. **A Retirada da Laguna**
*Visconde de Taunay*

160. **A Viagem ao Centro da Terra**
*Júlio Verne*

161. **Caramuru**
*Frei Santa Rita Durão*

162. **Clara dos Anjos**
*Lima Barreto*

163. **Memorial de Aires**
*Machado de Assis*

164. **Bhagavad Gita**
*Krishna*

165. **O Profeta**
*Khalil Gibran*

166. **Aforismos**
*Hipócrates*

167. **Kama Sutra**
*Vatsyayana*

168. **O Livro da Jângal**
*Rudyard Kipling*

169. **De Alma para Alma**
*Huberto Rohden*

170. **Orações**
*Cícero*

171. **Sabedoria das Parábolas**
*Huberto Rohden*

172. **Salomé**
*Oscar Wilde*

173. **Do Cidadão**
*Thomas Hobbes*

174. **Porque Sofremos**
*Huberto Rohden*

175. **Einstein: o Enigma do Universo**
*Huberto Rohden*

176. **A Mensagem Viva do Cristo**
*Huberto Rohden*

177. **Mahatma Gandhi**
*Huberto Rohden*

178. **A Cidade do Sol**
*Tommaso Campanella*

179. **Setas para o Infinito**
*Huberto Rohden*

180. **A Voz do Silêncio**
*Helena Blavatsky*

181. **Frei Luís de Sousa**
*Almeida Garrett*

182. **Fábulas**
*Esopo*

183. **Cântico de Natal/ Os Carrilhões**
*Charles Dickens*

184. **Contos**
*Eça de Queirós*

185. **O Pai Goriot**
*Honoré de Balzac*

186. **Noites Brancas e Outras Histórias**
*Dostoiévski*

187. **Minha Formação**
*Joaquim Nabuco*

188. **Pragmatismo**
*William James*

189. **Discursos Forenses**
*Enrico Ferri*

190. **Medeia**
*Eurípedes*

191. **Discursos de Acusação**
*Enrico Ferri*

192. **A Ideologia Alemã**
*Marx & Engels*

193. **Prometeu Acorrentado**
*Ésquilo*

194. **Iaiá Garcia**
*Machado de Assis*

195. **Discursos no Instituto dos Advogados Brasileiros / Discurso no Colégio Anchieta**
*Rui Barbosa*

196. **Édipo em Colono**
*Sófocles*

197. **A Arte de Curar pelo Espírito**
*Joel S. Goldsmith*

198. **Jesus, o Filho do Homem**
*Khalil Gibran*

199. **Discurso sobre a Origem e os Fundamentos da Desigualdade entre os Homens**
*Jean-Jacques Rousseau*

200. **Fábulas**
*La Fontaine*

201. **O Sonho de uma Noite de Verão**
*William Shakespeare*

202. **Maquiavel, o Poder**
*José Nivaldo Junior*

203. **Ressurreição**
*Machado de Assis*

204. **O Caminho da Felicidade**
*Huberto Rohden*

205. **A Velhice do Padre Eterno**
*Guerra Junqueiro*

206. **O Sertanejo**
*José de Alencar*

207. **Gitanjali**
*Rabindranath Tagore*

208. **Senso Comum**
*Thomas Paine*

209. **Canaã**
*Graça Aranha*

210. **O Caminho Infinito**
*Joel S. Goldsmith*

211. **Pensamentos**
*Epicuro*

212. **A Letra Escarlate**
*Nathaniel Hawthorne*

213. **Autobiografia**
*Benjamin Franklin*

214. **Memórias de Sherlock Holmes**
*Sir Arthur Conan Doyle*

215. **O Dever do Advogado / Posse de Direitos Pessoais**
*Rui Barbosa*

216. **O Tronco do Ipê**
*José de Alencar*

217. **O Amante de Lady Chatterley**
*D. H. Lawrence*

218. **Contos Amazônicos**
*Inglês de Souza*

219. **A Tempestade**
*William Shakespeare*

220. **Ondas**
*Euclides da Cunha*

221. **Educação do Homem Integral**
*Huberto Rohden*

222. **Novos Rumos para a Educação**
*Huberto Rohden*

223. **Mulherzinhas**
*Louise May Alcott*

224. **A Mão e a Luva**
*Machado de Assis*

225. **A Morte de Ivan Ilicht / Senhores e Servos**
*Leon Tolstói*

226. **Álcoois e Outros Poemas**
*Apollinaire*

227. **Pais e Filhos**
*Ivan Turguêniev*

228. **Alice no País das Maravilhas**
*Lewis Carroll*

229. **À Margem da História**
*Euclides da Cunha*

230. **Viagem ao Brasil**
*Hans Staden*

231. **O Quinto Evangelho**
*Tomé*

232. **Lorde Jim**
*Joseph Conrad*

233. **Cartas Chilenas**
*Tomás Antônio Gonzaga*

234. **Odes Modernas**
*Anntero de Quental*

235. **Do Cativeiro Babilônico da Igreja**
*Martinho Lutero*

236. **O Coração das Trevas**
*Joseph Conrad*

237. **Thais**
*Anatole France*

238. **Andrômaca / Fedra**
*Racine*

239. **As Catilinárias**
*Cícero*

240. **Recordações da Casa dos Mortos**
*Dostoiévski*

241. **O Mercador de Veneza**
*William Shakespeare*

242. **A Filha do Capitão / A Dama de Espadas**
*Aleksandr Púchkin*

243. **Orgulho e Preconceito**
*Jane Austen*

244. **A Volta do Parafuso**
*Henry James*

245. **O Gaúcho**
*José de Alencar*

246. **Tristão e Isolda**
*Lenda Medieval Celta de Amor*

247. **Poemas Completos de Alberto Caeiro**
*Fernando Pessoa*

248. **Maiakósvski**
*Vida e Poesia*

249. **Sonetos**
*William Shakespeare*

250. **Poesia de Ricardo Reis**
*Fernando Pessoa*

251. **Papéis Avulsos**
*Machado de Assis*

252. **Contos Fluminenses**
*Machado de Assis*

253. **O Bobo**
*Alexandre Herculano*

254. **A Oração da Coroa**
*Demóstenes*

255. **O Castelo**
*Franz Kafka*

256. **O Trovejar do Silêncio**
*Joel S. Goldsmith*

257. **Alice na Casa dos Espelhos**
*Lewis Carrol*

258. **Miséria da Filosofia**
*Karl Marx*

259. **Júlio César**
*William Shakespeare*

260. **Antônio e Cleópatra**
*William Shakespeare*

261. **Filosofia da Arte**
*Huberto Rohden*

262. **A Alma Encantadora das Ruas**
*João do Rio*

263. **A Normalista**
*Adolfo Caminha*

264. **Pollyanna**
*Eleanor H. Porter*

265. **As Pupilas do Senhor Reitor**
*Júlio Diniz*

266. **As Primaveras**
*Casimiro de Abreu*

267. **Fundamentos do Direito**
*Léon Duguit*

268. **Discursos de Metafísica**
*G. W. Leibniz*

269. **Sociologia e Filosofiia**
*Émile Durkheim*

270. **Cancioneiro**
*Fernando Pessoa*

271. **A Dama das Camélias**
*Alexandre Dumas (filho)*

272. **O Divórcio / As Bases da Fé / e outros textos**
*Rui Barbosa*

273. **Pollyanna Moça**
*Eleanor H. Porter*

274. **O 18 Brumário de Luís Bonaparte**
*Karl Marx*

275. **Teatro de Machado de Assis**
*Antologia*

276. **Cartas Persas**
*Montesquieu*

277. **Em Comunhão com Deus**
*Huberto Rohden*

278. **Razão e Sensibilidade**
*Jane Austen*

279. **Crônicas Selecionadas**
*Machado de Assis*

280. **Histórias da Meia-Noite**
*Machado de Assis*

281. **Cyrano de Bergerac**
*Edmond Rostand*

282. **O Maravilhoso Mágico de Oz**
*L. Frank Baum*

283. **Trocando Olhares**
*Florbela Espanca*

284. **O Pensamento Filosófico da Antiguidade**
*Huberto Rohden*

285. **Filosofia Contemporânea**
*Huberto Rohden*

286. **O Espírito da Filosofia Oriental**
*Huberto Rohden*

287. **A Pele do Lobo / O Badejo / o Dote**
*Artur Azevedo*

288. **Os Bruzundangas**
*Lima Barreto*

289. **A Pata da Gazela**
*José de Alencar*

290. **O Vale do Terror**
*Sir Arthur Conan Doyle*

291. **O Signo dos Quatro**
*Sir Arthur Conan Doyle*

292. **As Máscaras do Destino**
*Florbela Espanca*

293. **A Confissão de Lúcio**
*Mário de Sá-Carneiro*

294. **Falenas**
*Machado de Assis*

295. **O Uraguai / A Declamação Trágica**
*Basílio da Gama*

296. **Crisálidas**
*Machado de Assis*

297. **Americanas**
*Machado de Assis*

298. **A Carteira de Meu Tio**
*Joaquim Manuel de Macedo*

299. **Catecismo da Filosofia**
*Huberto Rohden*

300. **Apologia de Sócrates**
*Platão* (Edição bilingue)

301. **Rumo à Consciência Cósmica**
*Huberto Rohden*

302. **Cosmoterapia**
*Huberto Rohden*

303. **Bodas de Sangue**
*Federico García Lorca*

304. **Discurso da Servidão Voluntária**
*Étienne de La Boétie*

305. **Categorias**
*Aristóteles*

306. **Manon Lescaut**
*Abade Prévost*

307. **Teogonia / Trabalho e Dias**
*Hesíodo*

308. **As Vítimas-Algozes**
*Joaquim Manuel de Macedo*

309. **Persuasão**
*Jane Austen*

310. **Agostinho** - *Huberto Rohden*

311. **Roteiro Cósmico**
*Huberto Rohden*

312. **A Queda dum Anjo**
*Camilo Castelo Branco*

313. **O Cristo Cósmico e os Essênios** - *Huberto Rohden*

314. **Metafísica do Cristianismo**
*Huberto Rohden*

315. **Rei Édipo** - *Sófocles*

316. **Livro dos provérbios**
*Salomão*

317. **Histórias de Horror**
*Howard Phillips Lovecraft*

318. **O Ladrão de Casaca**
*Maurice Leblanc*

**Série Ouro**
(Livros com mais de 400 p.)

1. **Leviatã**
*Thomas Hobbes*

2. **A Cidade Antiga**
*Fustel de Coulanges*

3. **Crítica da Razão Pura**
*Immanuel Kant*

4. **Confissões**
*Santo Agostinho*

5. **Os Sertões**
*Euclides da Cunha*

6. **Dicionário Filosófico**
*Voltaire*

7. **A Divina Comédia**
*Dante Alighieri*

8. **Ética Demonstrada à Maneira dos Geômetras**
*Baruch de Spinoza*

9. **Do Espírito das Leis**
*Montesquieu*

10. **O Primo Basílio**
*Eça de Queirós*

11. **O Crime do Padre Amaro**
*Eça de Queirós*

12. **Crime e Castigo**
*Dostoiévski*

13. **Fausto**
*Goethe*

14. **O Suicídio**
*Émile Durkheim*

15. **Odisseia**
*Homero*

16. **Paraíso Perdido**
*John Milton*

17. **Drácula**
*Bram Stocker*

18. **Ilíada**
*Homero*

19. **As Aventuras de Huckleberry Finn**
*Mark Twain*

20. **Paulo – O 13º Apóstolo**
*Ernest Renan*

21. **Eneida**
*Virgílio*

22. **Pensamentos**
*Blaise Pascal*

23. **A Origem das Espécies**
*Charles Darwin*

24. **Vida de Jesus**
*Ernest Renan*

25. **Moby Dick**
*Herman Melville*

26. **Os Irmãos Karamazovi**
*Dostoiévski*

27. **O Morro dos Ventos Uivantes**
*Emily Brontë*

28. **Vinte Mil Léguas Submarinas**
*Júlio Verne*

29. **Madame Bovary**
*Gustave Flaubert*

30. **O Vermelho e o Negro**
*Stendhal*

31. **Os Trabalhadores do Mar**
*Victor Hugo*

32. **A Vida dos Doze Césares**
*Suetônio*

33. **O Moço Loiro**
*Joaquim Manuel de Macedo*

34. **O Idiota**
*Dostoiévski*

35. **Paulo de Tarso**
*Huberto Rohden*

36. **O Peregrino**
*John Bunyan*

37. **As Profecias**
*Nostradamus*

38. **Novo Testamento**
*Huberto Rohden*

39. **O Corcunda de Notre Dame**
*Victor Hugo*

40. **Arte de Furtar**
*Anônimo do século XVII*

41. **Germinal**
*Émile Zola*

42. **Folhas de Relva**
*Walt Whitman*

43. **Ben-Hur — Uma História dos Tempos de Cristo**
*Lew Wallace*

44. **Os Maias**
*Eça de Queirós*

45. **O Livro da Mitologia**
*Thomas Bulfinch*

46. **Os Três Mosqueteiros**
*Alexandre Dumas*

47. **Poesia de Álvaro de Campos**
*Fernando Pessoa*

48. **Jesus Nazareno**
*Huberto Rohden*

49. **Grandes Esperanças**
*Charles Dickens*

50. **A Educação Sentimental**
*Gustave Flaubert*

51. **O Conde de Monte Cristo (Volume I)**
*Alexandre Dumas*

52. **O Conde de Monte Cristo (Volume II)**
*Alexandre Dumas*

53. **Os Miseráveis (Volume I)**
*Victor Hugo*

54. **Os Miseráveis (Volume II)**
*Victor Hugo*

55. **Dom Quixote de La Mancha (Volume I)**
*Miguel de Cervantes*

56. **Dom Quixote de La Mancha (Volume II)**
*Miguel de Cervantes*

57. **As Confissões**
*Jean-Jacques Rousseau*

58. **Contos Escolhidos**
*Artur Azevedo*

59. **As Aventuras de Robin Hood**
*Howard Pyle*